国际工程教育丛书

顾秉林 徐立辉 朱 盼 丁孙昱 编著

"一带一路"背景下
国际工程教育中心建设研究

清华大学出版社
北京

版权所有，侵权必究。举报：010-62782989，beiqinquan@tup.tsinghua.edu.cn。

图书在版编目（CIP）数据

"一带一路"背景下国际工程教育中心建设研究/顾秉林等编著.—北京：清华大学出版社，2024.4

（国际工程教育丛书）

ISBN 978-7-302-66041-5

Ⅰ.①—… Ⅱ.①顾… Ⅲ.①高等教育-工科（教育）-国际合作-研究 Ⅳ.①G649.1

中国国家版本馆 CIP 数据核字（2024）第 070795 号

责任编辑：马庆洲
封面设计：常雪影
责任校对：赵丽敏
责任印制：沈　露

出版发行：清华大学出版社
网　　址：https://www.tup.com.cn，https://www.wqxuetang.com
地　　址：北京清华大学学研大厦 A 座　　邮　编：100084
社 总 机：010-83470000　　邮　购：010-62786544
投稿与读者服务：010-62776969，c-service@tup.tsinghua.edu.cn
质量反馈：010-62772015，zhiliang@tup.tsinghua.edu.cn

印 装 者：河北鹏润印刷有限公司
经　　销：全国新华书店
开　　本：165mm×240mm　　印　张：13　　字　数：225 千字
版　　次：2024 年 4 月第 1 版　　印　次：2024 年 4 月第 1 次印刷
定　　价：78.00 元

产品编号：103109-01

总　　序

近年来,中国工程院设立工程科技咨询研究课题,开展了"工程教育改革与发展研究""创新型工程科技人才培养研究""建立具有国际实质等效性的中国高等工程教育专业认证制度研究""院校工程教育的工程性与创新性问题研究""工程教育专业认证制度与工程师注册制度衔接问题的研究""国际工程教育合作战略研究""'一带一路'工程科技人才培养及人文交流研究""构建工程能力建设研究"等一系列课题研究。这些研究具有重要的理论意义和现实意义,是加快我国创新型国家建设的迫切需要,是推动工程师培养制度改革的需要,是促进工程科技人才培养与人文交流的需要。这些课题的研究有利于提出相关政策建议,对于深化工程科技人才培养、鼓励和引导工程科技人才成长具有重要的战略意义。

特别要强调的是,在中国工程院和清华大学共同申请和推动下,2015年11月经联合国教科文组织(UNESCO)第38次大会批准、2016年6月联合国教科文组织国际工程教育中心(ICEE)在北京正式签约成立。该工程教育中心以联合国教科文组织"可持续发展"的宗旨和原则为指导,以推动建设平等、包容、发展、共赢的全球工程教育共同体为长期愿景,围绕全球工程教育质量提升与促进教育公平的核心使命,致力于建设智库型的研究咨询中心、高水平的人才培养基地和国际化的交流合作平台。

目前,国际工程教育中心研究人员牵头承担或作为核心成员参与联合国教科文组织、中国工程院、国家自然科学基金委、国家教育部委托的重大咨询研究项目,在提升中心的国际影响力、政策影响力和学术影响力等方面发挥越来越大的作用。

为了更好地反映国际工程教育发展的过程和趋势，反映工程教育中心的研究成果，拟将近年来完成的报告、论文等汇集出版。

这些资料真实地记录了近些年来我国工程教育研究的发展进程。这些成果作为工程教育的研究方法和政策过程是有一定的回顾意义和现实意义的，反映了我国工程教育发展进程中的历史价值，以供后来者对工程教育研究历史进行梳理和追溯。

世界处于百年未有之大变局中，工程科技突飞猛进既是百年变局的一项基本内容，也是百年变局的基本推动力量。全球科技创新进入空前密集活跃的时期，这对于工程领域人才培养和人文交流模式变革，对于提高国家竞争力都提出了非常迫切和现实的要求。可以说，这就是我们编写和出版此书的意义所在。

培养造就大批德才兼备的卓越工程师，是国家和民族长远发展大计。工程教育和工程师培养是国家人才战略的重要组成部分，人才培养为推进新型工业化、推进中国式现代化提供了基础性战略性支撑。当前，广大工程教育工作者和广大工程师以与时俱进的精神、革故鼎新的勇气、坚韧不拔的定力、不断突破关键核心技术，铸造精品工程、"大国重器"。

工程教育界的同仁们牢记初心使命、胸怀"国之大者"，矢志爱国奋斗、锐意开拓创新，不断提升国家自主创新能力，更好满足人民日益增长的美好生活需要，为加快实现高水平科技自立自强、建设世界科技强国作出突出贡献。

2024 年 1 月于北京

[吴启迪，教授，联合国教科文组织国际工程教育中心（ICEE）副理事长兼中心主任，清华大学工程教育中心主任，曾任教育部副部长、同济大学校长等职。]

目　录

引言 / 1

第一章　工程教育国际合作主要发展状况 / 4
　　一、工程科技发展状况比较 / 4
　　二、工程教育发展状况比较研究 / 15
　　三、主要国家工程教育发展状况 / 24

第二章　"一带一路"背景下工程教育国际合作的机遇与挑战 / 32
　　一、"一带一路"背景下工程教育国际合作的需求分析 / 34
　　二、"一带一路"背景下工程教育国际合作的机遇挑战 / 37
　　三、"一带一路"背景下工程教育国际合作的模式探索 / 46

第三章　国际工程教育组织治理模式研究 / 59
　　一、组织结构研究 / 59
　　二、选举规则与申办程序 / 66
　　三、国际工程教育组织的互动合作机制 / 73

第四章　国际工程教育组织战略规划分析 / 77
　　一、愿景与使命 / 77
　　二、目标与重点任务 / 80
　　三、路径与举措 / 84

第五章　联合国教科文组织二类中心战略规划 / 91
　　一、南南国际科技与创新中心（ISTIC） / 91
　　二、基于问题的学习与工程科技可持续发展中心（UCPBL） / 94

三、国际工程科技知识中心(IKCEST) / 97

四、联合国教科文组织高等教育创新中心(ICHEI) / 100

五、联合国教科文组织国际工程教育中心(ICEE) / 101

六、合作机制 / 110

七、各中心战略规划的综合分析与启示 / 112

第六章 结语与讨论 / 115

一、工程教育国际合作的主要趋势 / 116

二、工程教育领域的代表性国别项目研究 / 117

三、"一带一路"与工程教育国际合作 / 118

四、国际工程教育合作的新挑战 / 118

五、国际工程教育组织治理模式 / 119

六、国际工程教育中心发展战略 / 120

附录1 国际工程教育组织的章程（节选） / 121

一、世界工程组织联合会(WFEO) / 121

二、国际工程教育学会联盟(IFEES) / 146

三、欧洲工程学会(SEFI) / 151

四、全球工学院院长理事会(GEDC) / 161

五、美国工程教育协会(ASEE) / 165

附录2 国际工程教育组织的战略规划（节选） / 171

一、世界工程组织联合会(WFEO)战略规划 / 171

二、国际工程教育学会联盟(IFEES)战略规划 / 185

三、全球工学院院长理事会(GEDC)战略规划 / 190

附录3 国际工程教育中心的章程及战略规划 / 191

一、联合国教科文组织国际工程教育中心章程 / 191

二、联合国教科文组织国际工程教育中心战略规划 / 194

后记 / 200

引　言

2019年4月25—27日，第二届"一带一路"国际合作高峰论坛在中国北京举办。论坛期间，习近平主席出席高峰论坛开幕式并发表主旨演讲，全程主持领导人圆桌峰会。

4月25日下午，第二届"一带一路"国际合作高峰论坛"创新之路"分论坛在北京国家会议中心举行。"创新之路"分论坛以"携手创新，共创未来"为主题，中国工程院院长李晓红出席会议并作主旨发言。

第二届高峰论坛参会规格超过首届。37个国家的元首、政府首脑等领导人以及联合国秘书长、国际货币基金组织总裁出席本届高峰论坛。共有来自150多个国家和90多个国际组织的近5000位外宾出席，涵盖了全球五大洲各个地区，体现了"一带一路"日益增长的影响力、吸引力。

追根溯源，2013年9月和10月，中国国家主席习近平在出访哈萨克斯坦和印度尼西亚时，先后提出共建"丝绸之路经济带"和"21世纪海上丝绸之路"的重大倡议。5年多来，共建"一带一路"倡议在全世界得到了越来越多国家和国际组织的积极响应，受到国际社会的广泛关注，影响力日益扩大。

2013年以来，共建"一带一路"倡议以政策沟通、设施联通、贸易畅通、资金融通和民心相通为主要内容扎实推进，取得明显成效，一批具有标志性的早期成果开始显现，参与各国得到了实实在在的好处，对共建"一带一路"的认同感和参与度不断增强。2013—2018年，中国与沿线国家货物贸易进出口总额超过6万亿美元，年均增长率高于同期中国对外贸易增速，占中国货物贸易总额的比重达到27.4%；中国企业对沿线国家直接投资超过900亿美元，在沿线国家完成对外承包工程营业额超过 4000 亿美元。①共建"一带一路"倡议着眼于构建人类命运共同体，坚持共商、共建、共享原则，为推动全球治理体系变革和经济全球化做出了中国贡献。2017 年 5 月，首届"一带一路"国际合作高峰论坛在北京成功召开，2019 年 4 月，第二届高峰论坛又在北京召开。两次论坛所形成的数百项具体成果，极大地推动了"一带一路"沿线国家的社会发展。

"一带一路"沿线国家很多都是发展中国家，迫切需要建设关系民生和国家发展的基础建设和各种工程，也迫切需要提升各种工程的质量，以造福人民的生活和社会的发展。但是限于教育发展，尤其是工程教育的发展，难以培养出适应各项建设事业的高质量的工程科技人员。在全面推动建设"一带一路"倡议的过程中，中国工程界和工程教育界将持续贡献力量，迎接挑战，以培养合格且高质量的工程科技人才为宗旨和使命，落实两届高峰论坛的成果，助力沿线国家开展各项建设，切实推动"人类命运共同体"的建设。

由中国工程院和清华大学共同建设的联合国教科文组织国际工程教育中心（ICEE）是 2016 年经联合国教科文组织第 38 届成员国大会所批准设立的二类中心，协议文本由时任联合国教科文组织总干事博科娃女士和中国工程院院长周济院士共同签署。国际工程教育中心是中国工程院和清华大学为在世界范围内推动工程教育的发展而设立的，其目标是推动中国工程教育的国际化、实现从工程教育大国向工程教育强国的转变。它也是为打造工程教育国际共同体而设立，更是为与世界各国，尤其是广大发展中国家分享中国的工程教育经验而设立。国际工程教育中心的建设，将服务于联合国教科文组织的战略目标，服务于联合国 2030 可持续发展目标。

"一带一路"倡议是新时代中国面向国际社会所提出的伟大倡议，"人类命运共同体"建设既与联合国可持续发展目标密切相关，也得到了世界各国和众多国际组织的认同。"一带一路"倡议的建设需要方方面面的努力和配合，作为设立在中国北京的联合国教科文组织二类中心，国际工程教育中心理应发挥重要而独特的工程教育枢纽和平台作用，推动沿线国家的工程教育发展，为共建"一带一路"倡议做出贡献。本研究即基于上述重要的时代背景而设计和展开。

本研究基于所搜集的国际数据和中资企业个案，重点分析国际工程教育

---

① 新华社：共建"一带一路"倡议：进展、贡献与展望，2019-04-22.

所面临的挑战与发展趋势,进而探讨"一带一路"建设进程中沿线国家和中国工程教育所面临的挑战与趋势,在此基础上,既考察了各个世界工程教育组织的组织框架与治理模式,也横向比较了联合国教科文组织的各个工程科技类二类中心的战略与规划,从而为确定国际工程教育中心的时代定位和发展重点提供了重要的参考与依据。

基于上述分析,国际工程教育中心对其既定的战略规划将进行深入思考。本研究认为,国际工程教育中心应以"一带一路"倡议为重要时代命题,推动"一带一路"与中心建设的宗旨和使命密切关联,使之成为中心各项工作的重要抓手,有效推进中心的各项建设工作,为中心未来的长远发展奠定良好基础。国际工程教育中心将努力打造并成为一个有中国工程教育特色和中国工程教育情怀的、真正服务广大发展中国家和全世界工程教育的国际性中心。国际工程教育中心将秉持宗旨,在世界范围内致力推动工程教育的均衡发展,切实为共建"人类命运共同体"和可持续发展事业做出贡献。

当今世界正处于大发展、大变革、大调整时期,和平、发展、合作仍是时代潮流。展望未来,共建"一带一路"既面临诸多问题和挑战,更充满前所未有的机遇和发展前景。随着时间的推移和各方共同努力,相信共建"一带一路"一定会行稳致远,成为和平之路、繁荣之路、开放之路、绿色之路、创新之路、文明之路、廉洁之路,推动经济全球化朝着更加开放、包容、普惠、平衡、共赢的方向发展。

在共建"一带一路"的征途中,为实现联合国 2030 可持续发展目标,国际工程教育中心将继续发挥独特而重要的作用。中国工程教育为中国提供了大量高素质的工程科技人才,极大地支撑和推动了本国的现代化建设,国际工程教育中心将努力搭建平台,既将中国的工程教育经验传播至"一带一路"沿线各国,也通过这一平台与沿线各国就工程教育互相学习、共同促进、共同推动工程教育在沿线国家的全面与均衡发展,从而共同推动全球工程教育共同体建设、共同推动联合国 2030 可持续发展目标的实现。

第一章 工程教育国际合作主要发展状况

为了解世界主要工业国家和国际组织开展工程教育国际合作的特色、经验和趋势，更为准确地把握中国深度开展工程教育国际合作的外部环境，课题组跟踪研究了美国、德国等发达工业国家以及新兴经济体国家和国际组织近年来发布的有关工程科技、工程教育领域国际合作的报告，试图更加深入地了解相关国家工程教育国际合作所面临的主要问题与应对策略。

一、工程科技发展状况比较

为从宏观上把握国际工程教育合作的现状与趋势，课题组对美国、德国等发达工业国家以及印度、巴西等新兴经济体国家的工程科技、工程教育的相关数据进行了分析。本研究涉及的发达工业国家包括美国、德国、日本、英国、法国五国，新兴经济体国家主要包括巴西、俄罗斯、中国、南非等国家。以美国为代表的发达国家工业化水平在世界居于领先地位，工程科技和工程教育实力居于世界领先地位。以中国、印度、巴西为代表的新兴经济体，近10年来在世界经济格局中占据日益重要的地位，工业化水平不断加快，在全球经济中的话语权不断提升。这些新兴经济体的经济发展，为工程教育和工程科技发展提供了更大的空间。

为全面地把握国际工程教育合作的趋势，课题组对国际工程教育相关的宏观统计指标进行了梳理，并将这些指标分为工程教育与工程科技两大类别。其中，工程教育指标包括工程领域毕业生数量、工程领域在校生数量、教育支出占GDP比重等；工程科技指标包括研发支出、研发强度、全时研发技术人员数量、百万居民研发数量等。同时,为从时间维度把握国家工程教育发展现状与趋势,主要筛选了2011—2016年指标数据(注:部分数据缺失)。

(一)研发力量指标分析

1. 每百万居民研发人数

图1是国家间横向比较与时间纵向发展趋势。[①] 从图1可以看出,日本每百万居民研发人员数量要领先于其他国家,每百万居民研发人员数量逐渐稳定于5500人左右。2014年是日本每百万居民研发人员数量在2011—2016年间数量最高的年份,2015—2016年有所回落,但仍高于其他国家。众所周知,日本老龄化问题严重,劳动力人口相对较少,基于劳动力人口基数因素,日本每百万居民研发人员数量回落趋于稳定存在一定合理性,但具体原因还须进一步挖掘与研究。德国每百万居民研发人员数量在选定国家中居于第二,并

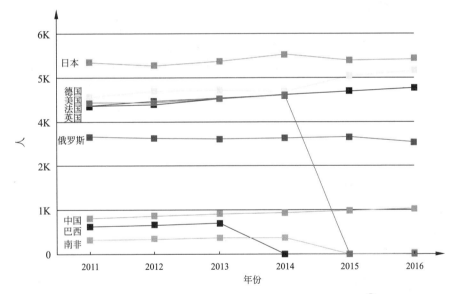

图1 2011—2016年主要国家每百万居民研发人员数量[②]

数据来源:Data extracted on 08 Mar 2019 10:56 UTC (GMT) from UIS.Stat

制图:ICEE课题组

---

① 数据源于联合国教科文组织统计所,其中印度每百万居民研发人员数量数据缺失较为严重。仅2015年印度每百万居民研发数量为216人,其他年份UIS.DATA未有统计。

② 部分国家在某年数据缺失,折线图中表示为0;以下图表同。

逐步稳定上升,与日本每百万居民研发人员数量差距缩短,在一定程度上与日本存在持平或赶超趋势。美国、法国、英国每百万居民研发人员数量落后于日本、德国,但差距不明显。在2011—2016年间,美国、法国、英国每百万居民研发人员数量逐步上升,但并未出现快速增长的情况。

总体而言,新兴经济体国家的每百万居民研发人员数量明显落后于发达工业国家。俄罗斯每百万居民研发人员数量居美国、法国、英国后,但在新兴经济体国家中居于前列。俄罗斯工业化进程要早于其他新兴经济体国家,虽然历史上俄罗斯工业化出现曲折,但工业化成果根植于俄罗斯的社会经济之中,工程教育也早已形成规模体系。中国每百万居民研发人员数量要落后于俄罗斯,且两者数量差距较大,但其变化呈稳步上升趋势,尽管上升幅度较小。巴西和南非每百万居民研发人员数量排名在选定国家中居于最后两位,表明其国家人口的人力资源禀赋有很大的提升空间。

2. 全时研发人员数量

根据联合国教科文组织统计所提供的数据(如图2所示),中国的全时研发人员数量居于第一,并逐年上升。2016年全时研发人员数量约170万,5年

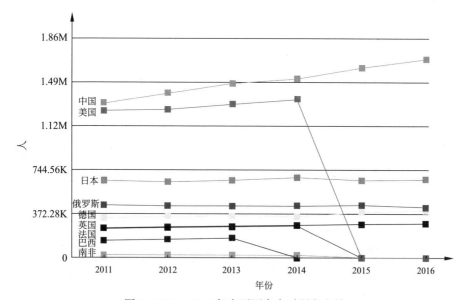

图2 2011—2016年主要国家全时研发人员

数据来源:Data extracted on 08 Mar 2019 10:48 UTC (GMT) from UIS.Stat

制图:ICEE课题组

间全时研发人员数量增长约30万人。美国全时研发人员数量居第二位,同时呈现上升趋势。中国与美国全时研发人员数量远高于其他国家,这与国家人口基数、政府科技政策密切相关。

日本的全时研发人员数量居于第三位,总体趋势相对稳定。受限于地域、资源等因素,日本经济发展集中于高新技术产业与服务业,一定量的劳动力人口从事技术研发等方向,可以说多种因素提高了日本较高的研发人员总量。

俄罗斯的研发人员数量排名第四,并在五年间总量并未出现明显变化。德国、英国、法国分别排名第五、第六、第七位,这与三国的人口总量基数息息相关,且未有较大的变化趋势,基本维持稳定状态。南非则排名最后,其全时研发人员五年间总量基本持平。应该指出的是,全时研发人员在一定程度可以说明国家的研发能力,但是与百万居民全时研发人员数量相结合则更具说服力。

此外需要指出的是,在联合国教科文组织统计所整理的数据中,印度数据缺失严重,仅有2015年数据:全时研发人员数量为528 219人,难以进行分析和判断。

3. 研发投入

根据联合国教科文组织统计所的数据(如图3所示),在上述所选择的9个

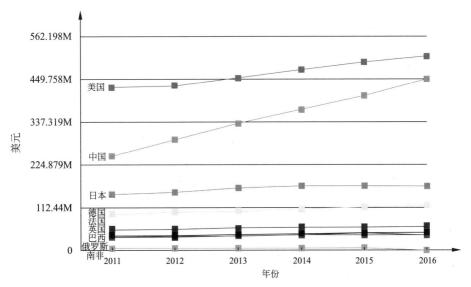

图3　2011—2016年主要国家研发投入

数据来源:Data extracted on 08 Mar 2019 10:20 UTC (GMT) from UIS.Stat

制图:ICEE课题组

国家中,美国的研发投入高于其他国家并呈逐年增长的趋势。中国紧随其后,在9个国家中位列第二,每年以一定速度增长且增长幅度要高于美国。2011年,美国研发投入是中国研发投入的近2倍。2016年的差距明显缩短,研发投入绝对值比值不足1倍,照此趋势,中国的研发投入规模在未来相当可观。日本研发投入总量排名第三但增长趋势缓慢。2015—2016年间的研发投入总量基本持平。

从国家间比较看,日本的研发投入总量远低于中国与美国,这一问题与国家经济总量有着一定关系。德国研发投入则居于第四位,且变化趋势不明显。法国、英国、巴西、俄罗斯四国研发投入总量差异不大,法国研发投入略高于其他三国。从时间发展看,四国研发投入趋势都较稳定。南非则排名最后,研发投入相较其他国家还有很大差距。从各个国家的研发投入总量看,研发投入与国家经济总量、政府工程科技创新重视程度息息相关。在未来发展趋势看,各国在稳定基础上将加大研发投入。

4. 研发投入强度

对联合国教科文组织研发投入强度数据进行整理发现,印度的研发强度数据缺失,已有的2015年数据约为0.62%,但其他年份数据未见统计数据。南非缺少2015—2016年数据。根据已有数据统计(如图4所示),日本研发投

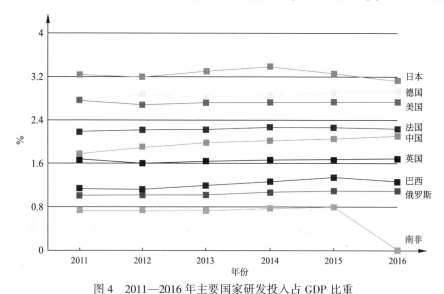

图4 2011—2016年主要国家研发投入占GDP比重

数据来源:Data extracted on 08 Mar 2019 10:03 UTC (GMT) from UIS.Stat

制图:ICEE课题组

入强度居于所选国家第一,其变化趋势与每百万居民研发人员、全时研发人员数量趋势较为一致。在2011—2016年间,2014年日本研发投入最大,研发投入占GDP约3.5%,2015、2016年两年日本研发投入强度有所下降,但仍领先于其他国家。德国研发投入强度居于第2位,并在逐年稳步上升,接近3%。在"德国工业4.0"战略下,德国加大科技研发投入力度,支持工业信息化、智能化发展。美国研发投入强度在所选国家中居于第3位,约为2.7%,在6年间研发投入强度变化幅度不大。从图4中可以看出,2011年,德国与美国研发投入强度相当。在5年的发展期间,德国研发投入强度明显高于美国,差距较为明显。

法国研发投入强度居于第四位,基本维持在2%,较为稳定,未有明显变化。中国在所选国家中研发投入强度排名第四,逐渐接近3%,在新兴经济体国家中居于第一。每年研发投入强度都有明显增长,这离不开中国庞大的经济总量与政府对科技创新的重视程度。英国研发投入强度居于第6位,要落后于其他发达工业国家。2011年英国研发投入强度约为1.3%,这一强度未有明显变化。巴西、俄罗斯、南非三国研发投入强度不足1%,其中南非在新兴经济体国家中研发投入强度最低。

(二)制造业产出指标分析

1. 制造业附加值

世界银行提供的数据显示(见图5),中国制造业附加值在10个国家中位列第一,远高于其他国家。2011—2014年,中国制造业附加值呈稳步上升趋势;2015—2016年,趋势有所放缓,两年间制造业附加值基本持平,稍显回落迹象。近几年,中国制造业进行产业结构调整,重点布局中高端产业,旨在实现制造业由低端产业链向中高端产业链的过渡。在这种背景下,中国制造业附加值未有明显的增长。

美国制造业附加值排名第二,与其后的日本有着较大的差距。5年间,美国制造业附加值以一定缓慢速度增长,但增长速度明显低于中国。从图5可以看出,2015—2016年,美国出现与中国类似的情况,即制造业附加值基本无明显变化,保持稳定。日本制造业附加值在10个国家中居于第三,其制造业附加值绝对规模要远低于中国与美国。从2013年开始,日本制造业附加值开

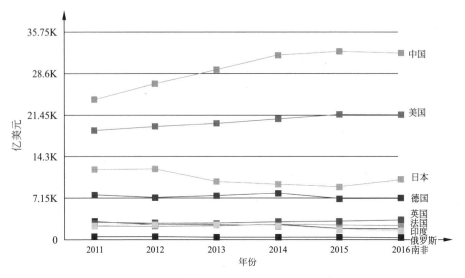

图5 2011—2016年主要国家制造业附加值

数据来源：https://data.worldbank.org.cn/indicator/NV.IND.MANF.CD?end=2016&locations=CN-IN-JP-BR-DE-GB-US-ZA-RU&name_desc=true&start=2011&view=chart

制图：ICEE课题组

始下降；2016年，制造业附加值有所回暖。近些年来，日本制造业进行升级调整，《日本制造业白皮书》强调了制造业重点发展领域。在战略调整初期，制造业附加值有所下降。2016年，产业调整效益凸显，制造业附加值上升。德国制造业附加值位于第四，并保持稳定，未出现明显的增长或下降。从图5也可以看出，英国、法国、印度、俄罗斯四国制造业附加值相当，变化趋势基本一致。印度制造业开始在全球制造业占据一席之地，2016年，德勤发布《全球制造业竞争指数》，其中印度制造业位于前列，并对印度预期发展持乐观态度。英国、法国作为传统制造业竞争力强国，其产业附加值基本保持稳定。俄罗斯在近几年制造业发展动力不足，2015—2016年，制造业附加值有所下降。南非制造业附加值最低，制造业竞争力较弱。

2. 制造业附加值占GDP比重

从图6可以看出，中国制造业附加值占GDP比重以绝对优势高于其他国家比值，但在2011—2016年间，中国制造业附加值占GDP比重逐渐降低，说明产业结构逐渐优化，制造业对经济发展的驱动力减弱。这也是近些年中国调

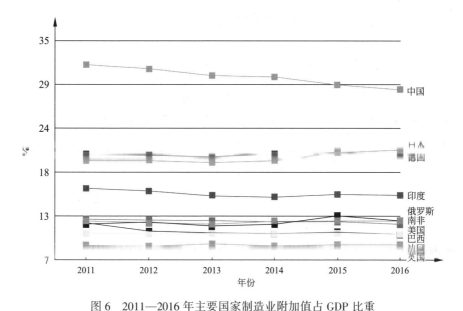

图 6　2011—2016 年主要国家制造业附加值占 GDP 比重

数据来源：https：//data.worldbank.org.cn/indicator/NV.IND.MANF.CD？end=2016&locations=CN-IN-JP-BR-DE-GB-US-ZA-RU&name_desc=true&start=2011&view=chart

制图：ICEE 课题组

整产业结构，走可持续发展的结果。德国、日本制造业附加值占 GDP 比重逐渐趋同，2011—2014 年间，日本制造业附加值占 GDP 比重略高于德国。2014 年后，德国制造业附加值占 GDP 比重逐渐上升，2016 年这一比值略高于日本。这说明德国、日本两国制造业在本国经济发展中的贡献相似，德国制造业在社会经济中的活力逐渐显现。

印度制造业附加值占 GDP 比重位居第四，2011—2016 年间，印度制造业附加值占 GDP 比重略有下降，但逐渐恢复稳定。从比值看，相较于中国制造业附加值占比呈明显下降趋势，印度制造业发展较为稳定。俄罗斯、南非、美国、巴西制造业附加值占 GDP 比重相当，四国虽然比值相当，但美国制造业附加值占 GDP 比重较低与其第三产业占主导地位有着重要关系。法国制造业附加值占 GDP 比重位居第九位，在 10 个国家中排名较低，2011—2016 年间这一比值并未有明显的增长与下降。英国制造业附加值占 GDP 比重最低，且 2011—2016 年这一比值保持稳定，未有明显变化。

(三) 组合指标(绝对值与相对值)分析

1. 研发强度与研发投入

研发强度指当年研发投入占当年 GDP 的比重,研发投入与研发强度组合分析更能说明国家的研发物力支持力度。从图 7 中可以看出,美国研发投入总量居于第一,其研发投入强度在主要国家中也排名第三,说明美国政府高度重视研发力量。中国研发总量居第二位。中国 GDP 总量庞大,基数大决定了研发投入总量的庞大,但研发强度要低于日本、德国、法国,中国仍需进一步提高研发投入占 GDP 比重。日本与德国研发强度分别位列主要国家第一、第二,日本、德国均高度重视研发工作,在国家经济活动中占有重要地位。但由于 GDP 总量基数,其研发投入总量要低于中国、美国。

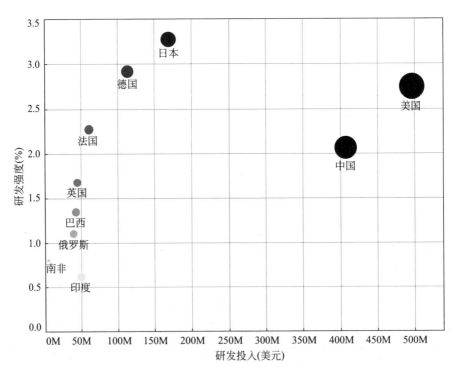

图 7　2015 年主要国家研发投入与研发强度

数据来源:Data extracted on 08 Mar 2019 10:03 UTC (GMT) from UIS. Stat

制图:ICEE 课题组

法国、英国、巴西、俄罗斯、印度五国研发总量约5000万美元,相差较小。但五国研发强度却有很大差距,法国、英国、巴西、俄罗斯、印度研发强度依次递减,说明印度GDP总量占据优势。南非研发投入总量最小,但研发投入强度高于印度,进一步阐释国家要加强研发支持力度,一方面提高其在国家各项支出中的比例,另一方面继续发展经济,实现经济社会可持续发展,为研发投入提供强有力的经济保障。

2. 研发投入与百万居民研发人员数量

国家研发力量需要人力与物力的支持,在保证研发投入的基础上,每百万居民研发人员在一定程度上代表了社会人员研发力量。从图8中可以看出,美国研发投入总量最高,每百万居民研发人员低于日本、德国。两者综合看,美国研发力量在主要国家中优势明显。中国虽然研发投入总量大,但每百万居民研发人员远低于其他发达国家,也低于金砖国家俄罗斯。这说明中国从

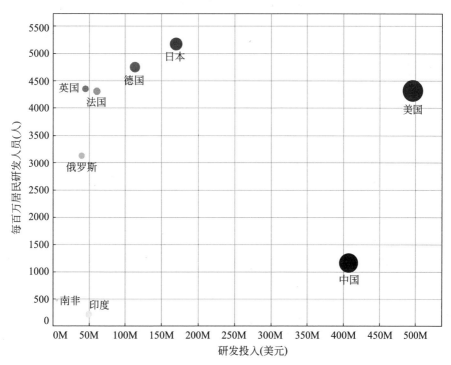

图8　2015年主要国家研发投入与每百万居民研发数量

数据来源:Data extracted on 08 Mar 2019 10:03 UTC (GMT) from UIS. Stat

制图:ICEE课题组

业人员中,研发人员比例低,科技创新因子活跃度不高。日本、德国研发总量落后于美国、德国,但每百万居民研发人员数在主要国家中分别位列第一、第二。

综合来看,日本、德国整体研发力量强,劳动力中从事研发工作的比例高。英国与法国研发投入与每百万居民研发人员数表现相近,研发投入相对小,每百万居民研发人员数高。俄罗斯在主要发展中国家中每百万居民研发人员最高,研发投入与印度相近,但远低于中国。南非与印度研发力量较弱,物力与人力对研发工作的支持力度都有待加强。

3. 制造业附加值与制造业附加值占 GDP 比重

从图9可以看出,中国制造业附加值总量最大,同时制造业附加值占 GDP 比重在主要国家中占比最高。美国制造业附加值总量仅次于中国,但制造业附加值占 GDP 比重却低于日本、德国等国,说明在美国社会经济发展中制造业并不占据主导地位,其他产业尤其第三产业发挥着经济发展主要作用。日

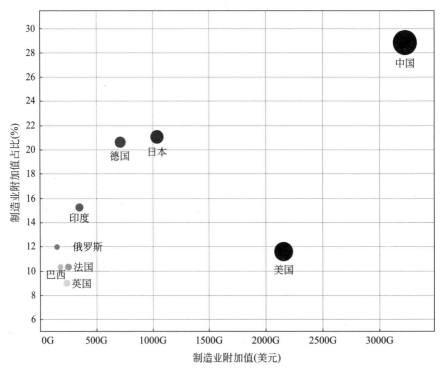

图9 2016年制造业附加值与制造业附加值占 GDP 比重

数据来源:https://data.worldbank.org.cn

制图:ICEE 课题组

本、德国制造业存在集群现象,其制造业附加值、制造业附加值占 GDP 比重均位居前四位,说明日本、德国制造业在本国经济发展中占据着一定优势地位。印度制造业附加值总量虽然不大,但制造业附加值占 GDP 比重较高。印度作为崛起的制造业大国,制造业在印度经济发展中作用愈加明显。英国、法国、俄罗斯等国制造业绝对值与相对值存在一定集群,在一定程度说明制造业在这些国家中竞争力优势明显。

二、工程教育发展状况比较研究

(一) 高等工程教育规模分析

1. 工程领域本科毕业生数量

因部分国家的统计标准不同,工科领域存在数据缺失的现象。在工程领域毕业生人数这一指标中,选取本科毕业生人数进行观察。根据经合组织(OECD)数据与中国国家统计局的数据(见图10),中国的普通本科工科毕业

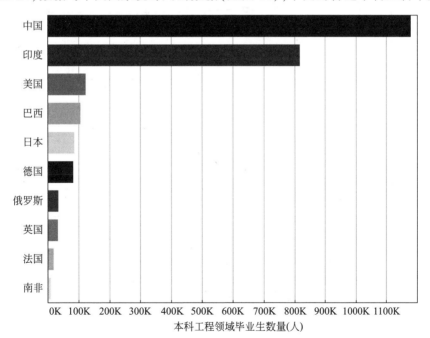

图 10 2015 年主要国家工程领域本科毕业生数量

数据来源:https://stats.oecd.org

制图:ICEE 课题组

生数量居于第一位,领先于其他国家,印度紧追其后。中国、印度以其绝对的人口数量高出其他国家数倍。在几年间的发展变化中,中、印两国毕业生数量绝对规模优势明显。2015年,美国、巴西工科本科毕业生数量位于中国、印度之后。

需要指出的是,工程教育规模和人口基数密切相关,需结合学科比例进行进一步分析。中、美、印、巴四国在人口基数上占据优势地位,属人口大国。日本与德国工科本科毕业生数量相当,俄罗斯、英国、法国工科本科毕业生人数较低,工程教育规模有限。南非则排名最低,工科本科毕业生绝对规模最小。

2. 工程领域在校生数量

由于统计口径不同,中国工程领域在校生数量未纳入这一类别。① 从图11可以看出,印度工程领域在校生数量远远高于其他国家,高出俄罗斯近

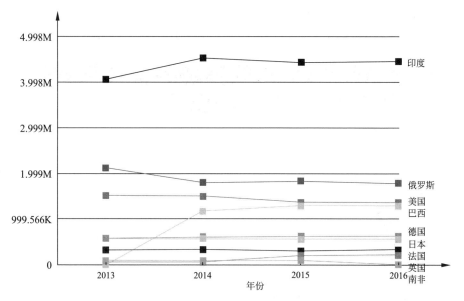

图11　2013—2016年主要国家工程领域在校生数量

数据来源:Data extracted on 12 Mar 2019 12:36 UTC (GMT) from OECD.Stat

制图:ICEE课题组

---

① 对OECD数据说明:本部分工程领域在校生指标选取"Engineering, manufacturing and construction"来进行统计。在这一大类下,中国未纳入这一统计数据。

1倍。2013—2014年间,印度工程领域在校生数量明显上升,2014—2016年间,其数量相对稳定无明显变化。俄罗斯在已有数据的九个国家中,工程领域在校生数量居于第二位。2013—2014年间,俄罗斯工程领域在校生数量有所减少;而在2014—2016年间,数量维持在相对稳定的范围内。美国和巴西工程领域在校生数量则分别位于第三、第四位,且两者之间数量差距逐渐缩小,两国工程领域在校生数量在几年间变化不大。德国与日本工程领域在校生数量相近,同时变化趋势不明显。法国、英国、南非则排在最后,工程领域在校生绝对值小。

3. 高等教育中工程领域毕业生占比

工科毕业生占比一定程度反映出一个国家和地区工科在高等教育中的建设情况。图12展示了主要国家高等教育中工程领域毕业生占比(中国、南非数据未在OECD数据库统计。但根据中国教育部的报告显示,2018年工科毕业生为123万人,占比为32.8%)。图12可以看出,俄罗斯高等教育中工科毕业生占比居第一,约为23%,德国以22%的比例排名第二,俄罗斯与德国工科毕业生占比均高于20%,与图中其他国家比例差距明显。工科在俄罗斯高等教育中是重要组成部分之一。20世纪中后期,苏联大力发展重工业,推进国家工业化。在长期的国家经济政策驱动下,俄罗斯培养了大批工程技术人才,

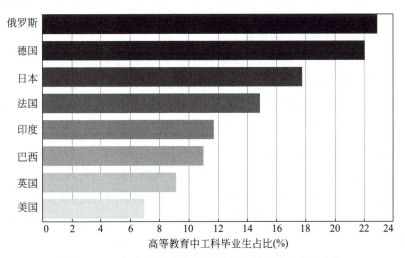

图12　2016年主要国家高等教育中工程领域毕业生占比

数据来源:Data extracted on 27 Apr 2019 04:52 UTC (GMT) from OECD.Stat

制图:ICEE课题组

并形成了与经济发展相适应的高等教育学科结构。德国工科毕业生占比高与其发达的制造业密切相关。德国装备制造业等一直领先于世界水平,工程师培养形成规模体系,工科发展有着深厚的社会认同感与畅通的职业发展。

日本、法国工科毕业生占比分别位居第三、第四位,占比约为18%、15%。日本、法国工科毕业生占比在主要发达国家中具有一定优势,这与国家工业化政策、产业结构有着一定关系。印度、巴西作为新兴经济体国家,工业化程度不断提高,工程人才培养仍在探索建设中。英国、美国工科毕业生占比均低于10%,分别是9%、7%。近些年,英国、美国注重发展服务业、金融产业等,新兴产业的发展需要一批商业、金融、法律等领域的人才,驱动着学生向其他学科的分流,工科在各学科的地位优势不再。

(二)高等工程教育毕业生性别分析

从工程师职业发展角度看,性别因素在工程师职业选择上有着重要影响。从长久以来在社会形成了对工程师的"刻板印象",即女性不适合学习工科。联合国教科文组织认为,鉴于当前和未来的全球工程需求,必须使用所有人力资源[①]。从历史上看,女性在工程领域的代表性明显不足。应提高女性在工科学习中的比例,在一定程度上增加工程领域的人力资源。从图13中可以看出,男性在工科毕业生中的占比,德国、俄罗斯、日本三国位居前三,均在30%及以上;法国、巴西男性毕业生比例居中,分别为25%、18%;印度与英国比例相当,美国男性毕业生比例最低。

从女性毕业生比例看,工科毕业生中女性的比例远低于男性,均低于15%。其中俄罗斯女性工科毕业生比例最高,约为12%。其次,德国女性工科毕业生比例约为9%,排名第二;法国、印度女性工科毕业生比例相当,占比为7%~8%;英国、美国女性工科毕业生比例最低,分别为4%、2%。从工科毕业生的男女比例看,德国、日本男女工科毕业生占比差距较大,差距高于25个百分点;俄罗斯次之,男女工科毕业生比例差距约为23个百分点;法国男女工科毕业生比例差距在第四位,约为18个百分点;英国、巴西等国男女毕业生差距居中,约为13%、10%,其他国家男女工科毕业生比例差距较小。从整体看,男性工科毕业生占比在主要国家中分布差距明显,女性占比相差不大。

---

① 联合国教科文组织中"工程中的女性"主题网站:http://www.unesco.org/new/en/natural-sciences/science-technology/engineering/women-in-engineering/.

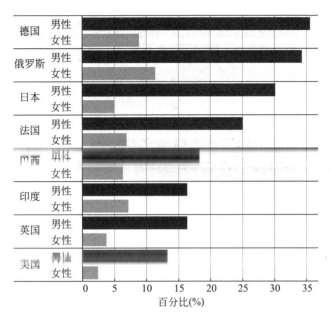

图13　2016年主要国家高等教育中工科男女毕业生占当年毕业生比例

数据来源：Data extracted on 27 Apr 2019 04:52 UTC (GMT) from OECD.Stat

制图：ICEE 课题组

（三）财政对教育的支持分析

教育支出占 GDP 比重大，表明政府对教育支持力度较大，同时也说明教育发展需要财政支持以维持发展。根据联合国教科文组织统计所的数据（如图 14 所示），部分国家部分年份的教育支出占 GDP 比重数据缺失。出于可比性考虑，选定 2015 年教育支出与 GDP 占比数据。教育支出占 GDP 比重最高的是巴西在 6% 以上，南非排名第二。英国、法国教育投入占 GDP 比重均在 5%~6%，这两国教育程度较为发达，教育体系完备，且 GDP 总量较高，教育财政支出的高比例也表明了国家对教育的重视。美国、德国、中国教育支出与 GDP 占比均在 4%~5%，印度、俄罗斯与日本教育支出与 GDP 占比则低于 4%。

（四）国际流动学生净流量

在教育全球化的趋势下，每年大批量的国际留学生流动于不同的国家之

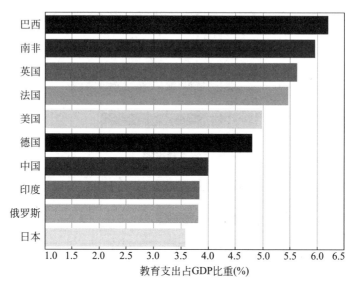

图 14 2015 年主要国家教育支出占 GDP 比重

数据来源:Data extracted on 05 Mar 2019 02:04 UTC (GMT) from UIS.Stat

制图:ICEE 课题组

间。根据学生流入国与流出国的不同,国际流动学生净流量分为正负值。由于本指标用于说明国际留学生规模,故对教科文组织统计所的国际流动数据取绝对值。从图15可以看出,美国、中国与英国国际留学生数量庞大,在所选国家中数量居于前三位,其他国家的国际留学生数量相对集中。国际留学生的大规模流动加强了国家间的教育、文化交流。同时对全球教育合作有着重要影响。工科作为每个国家学科组成的重要部分,也拥有大量的国际学生流动,国际工程教育合作已经也将继续成为一种必然趋势。

(五)组合指标(绝对值与相对值)分析

由于中国工科统计口径不同,故未对中国工科毕业生与占高等教育比例做比较。图16可以看出,印度工科毕业生人数在已有数据的主要国家中位居第一,但工科毕业生占高等教育毕业生比例排名居中,约12%,远低于俄罗斯、德国。说明印度高等教育规模庞大,这与本国人口基数密切相关。俄罗斯工科毕业生规模排名第二,工科占高等教育毕业生比例也是最高,说明工科在其高等教育学科建设中占有重要地位。美国工科毕业生规模位列第三,工科占

第一章 工程教育国际合作主要发展状况

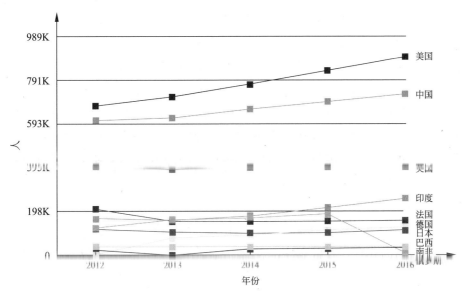

图15 2012—2016年主要国家国际流动学生净流量

数据来源：Data extracted on 15 Mar 2019 09:34 UTC（GMT）from UIS.Stat

制图：ICEE课题组

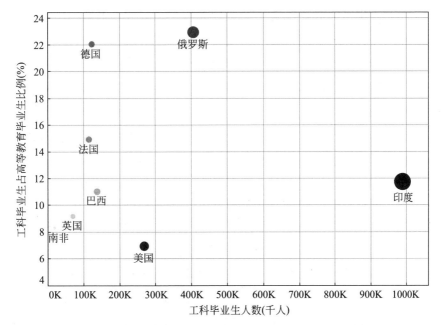

图16 2016年主要国家工科毕业生数与占高等教育毕业生比例

数据来源：Data extracted on 27 Mar 2019 13:14 UTC（GMT）from UIS.Stat

制图：ICEE课题组

高等教育毕业生比例较低。说明当前美国高等教育规模庞大,同时社会对工科认同感下降,多重因素造成"逃离工科"现象。

德国虽然工科毕业生数并不算多,但占比要高于大部分主要国家。德国在机械装备等领域领先世界各国,先进的制造业需要优秀的工程技术人才做人力资源储备,因此工科在德国社会认同感高,在高等教育毕业生中的占比也优势明显。法国、巴西工科毕业生规模相近,但法国工科占高等教育毕业生比例要高于巴西。而英国与南非分别是主要发达国家中工科毕业生规模最小的国家和主要国家中工科毕业生规模最小的国家,两国工科占高等教育毕业生比例均略高于美国。

从总体看,由于存在着国家间的工程教育与工程科技实力差距,导致了国际工程教育合作存在着单向性特点,即发展中国家工程教育向发达工业国家工程教育的单向学习。基于对工程教育与工程科技指标数据的分析,对所选取国家进行横向工程教育与工程科技的现状与问题总结梳理。

日本工程科技力量优势明显,从研发投入力度、百万居民研发人员数量看,日本研发力量较为雄厚。政府重视科技创新并给予大力财政支持,为工程科技力量打下坚实的资金基础。其次,经济发展方式与产业结构影响着工程教育规模与结构,工程教育为工程研发提供智力支持与人力资源保障。

德国、美国的工程科技力量领域居于前列。德国作为第二次工业革命的先锋,形成了高度工业化的社会。美国抓住20世纪70年代信息技术革命的机遇,调整产业布局,大力发展高新技术产业。两次产业革命树立了德国、美国发达工业国家"领头羊"的地位。从工程科技各项指标看,德国与美国保持着稳定的优势地位。但从两国间横向比较来看,美国研发支出总量与研发强度均高于德国,制造业附加值作为工程科技产出的体现,其绝对值美国也高于德国。从工程教育指标看,德国工程领域毕业生的规模低于美国,且教育投入规模及在GDP中的占比也低于美国。但是,综合发展趋势与各项指标横向比较,美国、德国的工程教育与工程科技实力还是领先于其他国家。

从各项指标来看,英国、法国两国的整体水平略低于美国、德国、日本三国。从工程教育维度来说,英国、法国两国教育支出及在GDP中的占比均为5%~6%,教育投入值在主要发达工业国家中相对较高;工程领域毕业生数量要低于美国、德国、日本;从工程科技维度来看,英国、法国在研发支出绝对值、研发投入强度、全时研发人员、每百万居民研发人员数量上均有较好的表现,且两国指标数据与发展趋势类似。但从研发数据看,英国与法国研发力量较弱于美国、德国、日本,但整体领先于其他新兴经济体国家。

中国在工程教育与工程科技两个维度上的数据存在着很大差别。从工程教育维度看,中国教育投入占 GDP 超 4%,这一比例在所选国家中,居于中下水平,还有较大的提升空间。工程领域毕业生规模位列第一,为工业化发展提供了较为充足的后备工程人才保障。但是,从工程科技维度的绝对值指标来看,中国虽然全时研发人员总数与研发投入总量绝对值均在世界位于前列,但是在工程科技各项指标的相对值上,与发达工业国家还存在一定差距,特别是在每百万居民研发人员数量、研发投入强度等方面差距较大。

俄罗斯在所选国家中的总体表现一般。从各项指标数据来看,俄罗斯每百万居民研发人员与全时研发人员数量数据相对较好,在所选国家中排名居中;但研发投入总量与研发投入强度要低于主要发达工业国家和部分新兴区经济体国家。从工程教育维度看,教育支出占 GDP 比重较低,低于 4%;工程领域毕业生与在校生规模排名居中,工程人才培养数量表现较好;但制造业附加值与所选其他国家相比,差距较大。从总体看,俄罗斯在工程教育与工程科技方面还有较大的发展空间。

南非工程教育与工程科技实力,在选定国家范围内处于较低水平,各项指标大多排名最后一位。但是,其教育支出占 GDP 比例最高。南非作为新兴经济体国家之一,经济发展有着较大的潜力,经济发展与国家工业化需要工程人才作为人力资源保障。现实情况是南非的工程类毕业生总量小,工程人才培养还不能满足工业化发展需要,但是其教育支出表明未来有相当大的增长潜力。

尽管联合国系统和相关国际组织所提供的统计数据非常有限,个别国家的数据甚至存在着比较严重的数据缺失,但是基于以上分析可以得出一些初步的趋势性结论,对国际工程教育的合作特点与趋势可以做出以下几点初步总结:

第一,由于工程问题和工程挑战的全球性特征,当今工程教育的国际合作也呈现全球化的趋势。在全球化与信息化的今天,国家间、行业间、机构间的联系日益紧密,作为每个国家教育体系中重要部分的工程教育,其国际合作势必将纳入更多国家和更多机构。

第二,由于国家间的工程教育存在持续的实力差距,国际工程教育合作在一定程度上仍将持续呈现从发达工业国家向发展中国家输出的单向趋势,且输出形式多样,包括理念、课程实践、项目推广等内容。

第三,在各国内部,工程教育与工程科技之间存在一定数量的发展差距,即一些新兴经济体国家工程教育规模庞大,但其研发力量相对值较为薄弱。相较于工业发达国家,仍有不少差距。

三、主要国家工程教育发展状况

(一) 大挑战背景下的美国工程教育发展

2008年,美国国家工程院提出了21世纪工程领域面临的14项大挑战(14 Grand Challenges for Engineering),涉及可持续发展、健康、灾难面前人类的脆弱性和生活质量的提高四个方面,号召全球各国共同应对,攻克这些挑战以提升未来人类的生活质量。为了确定大挑战的具体内容,美国国家工程院向全球征集了数千份意见,经过了50位专家的评审,提出了14项具体的挑战[①]。分别是:

1. 更加容易地获取太阳能
2. 提供聚变能源
3. 发明碳冻结工艺
4. 利用氮循环
5. 提供饮用水
6. 修复和改善城市基础设施
7. 在健康信息学方面取得成就
8. 开发更有效的药品
9. 发展大脑逆向工程学
10. 预防核恐怖
11. 保护网络空间
12. 加强虚拟现实技术
13. 发展个性化学习
14. 发明科学探索新工具

---

① National Academy of Engineering. 2016. Grand Challenges for Engineering: Imperatives, Prospects, and Priorities. Washington: National Academies Press.

这14项大挑战可被划分到持续发展、健康、面对灾难的脆弱性和提高生活质量四个大领域中。①

了解挑战是应对挑战的首要条件,这些挑战存在的形式、原因和特性都各不相同,需要工程领域的不断创新和更快发展来解决。提出这些挑战、攻克这些挑战的意义不仅是要"把世界变成技术发达、相互联结的地方",更是要使其成为一个"更可持续、安全、健康和令人愉悦的更好的地方"。②

在美国国家工程院提出这14个大挑战后,杜克大学工程学院和南加州大学的工程学院立即做出反应,共同提出了一个新的教育模型,目标是培养工程师准备成为世界的改变者。"大挑战学者项目"(Grand challenges Scholars Program)起始于2009年,该项目旨在培养新一代的工程师,以解决21世纪社会面临的棘手问题。这个项目在不同国家的高校的工程学院开展,鼓励高校为学生量身定做工程胜任力的培训项目。大挑战学者项目如今已经在全世界范围内的多个工程学院开展,北京航空航天大学等中国大学也已加入。

"大挑战学者项目"创新地提出了工程师的五类胜任力:③第一,研究与创造能力,要能独立承担与大挑战相关的研究任务并有所创新;第二,学科交叉能力,要有能够应对大挑战的学科适应能力;第三,商业与企业家精神,要能理解大挑战所需的商业模型并能成功实施;第四,跨文化能力,要能理解不同文化背景下的社会议题与经验;第五,社会意识,要有深刻的社会意识和动机去解决社会问题,因为服务人类是大挑战项目最重要的愿景。

21世纪,人类在可持续发展、健康、面对灾害的抵抗力以及生活质量提高等方面都有着强烈的诉求,亟待工程领域做出发展和创新以解决未来的大挑战。在这个过程中,工程教育发挥着至关重要的作用,直接影响到工程领域是否能吸引最优秀的人才、是否能把他们培养成面向未来挑战的工程师。大挑战项目的宗旨和培训目标均反映出工程教育最为核心的几个理念,比如培养学生的学科交叉能力、跨文化能力,以及塑造学生的社会责任和世界意识,等等。此外,工程教育还需要在其他方面的理念上做出发展与变革:增强学科的

---

① National Academy of Engineering. (2017). NAE Grand Challenges for Engineering. Retrieved from http://engineeringchallenges.org/File.aspx?id=11574&v=34765dff.
② National Academy of Engineering. (2017). NAE Grand Challenges for Engineering. Retrieved from http://engineeringchallenges.org/File.aspx?id=11574&v=34765dff.
③ National Academy of Engineering. (2010). Workshop on developing a national network of grand challenges. Retrieved from: http://www.engineeringchallenges.org/File.aspx?id=14440&v=4640a0fb.

普及性和影响力;以工程产品推广为突破口;重视不同阶段的工程教育有效衔接;以问题为导向的工程教育;面向未来的工程师;全球意识、多学科适应、社会责任;关注教育变革中的教师;构建支持型环境等。

如何培养工科学生的上述能力是又一重要命题。首先,要加强工程学科的普及性和影响力,通过引入课外教材、组织交流活动、课外参观等形式促进师生对于工程师、工程产品的理解。其次,要关注高等教育以外其他阶段的学生群体,将工程教育的起点提前至中学甚至小学阶段,以教材设计为突破口,培养学生解决问题的思维。在教育的过程中,采用问题式的教学方法,鼓励学生对自身的知识储备、团队合作技能进行反思,在解决问题的过程中有针对性地提升自我。为了更好地应对未来的挑战,当今工程教育培养出的人才应该具备全球胜任力、多学科适应能力和社会责任意识,由此才能在国际化团队里进行有效协作、处理复杂多变的项目,承担起对于社会和全球人类的责任。最后,对于工程教育中的教师群体,如何让他们了解面临的挑战与自身发展的关系、有效地进行课堂教学方法的变革与创新,也是必须关注的话题。

总之,在工程领域所面临的具体挑战和难题背后,存在着无限的机会和空间等待工程教育去深入思考,设计创新的工程教育项目,培养合格的工程科技人才,用知识和能力为提升人类生活质量、繁荣人类文明而做出切实贡献。

(二) 工业4.0背景下的德国工程教育发展

德国是工程教育的传统强国。迄今为止,德国已经经历了三次工业革命:18世纪末以机械化为主要特征的"工业1.0",20世纪初以电气化为主要标志的"工业2.0",20世纪70年代,电子信息技术的发展带来了数字化、自动化的"工业3.0"。第一次工业革命中机器生产代替了手工劳动,第二次工业革命中劳动分工的出现使大规模生产成为可能,第三次工业革命促使机器逐步代替人类作业,并完成部分脑力劳动。三次工业革命给人类生活带来颠覆性的变化,促进了世界各国的工业发展。德国工业利用三次工业革命的技术进步,占据了世界制造业的领头地位。德国作为商品出口大国,工业产品的一半销往国外,其出口额现居世界第二位。德国近1/3的就业人员从事出口行业工作,主要出口产品包括汽车、机械产品、电气、运输设备、化学品和钢铁等。[①]

---

① 王茹.德国工业4.0的优势、挑战与启示[J].经济研究参考,2016(51):3-6.

但是,随着最低工资制的确立,德国的劳动力成本一路飙升。这无疑极大地增加企业的经营成本,导致德国企业在与各国企业的竞争中处于不利地位,而且劳动力成本升高也不利于企业对于新产品的研发。凡此种种,不断削弱了德国工业原本具有的竞争优势。

为了稳固其制造业的龙头地位,德国提出了一系列战略,如2010年的"高技术战略2020行动计划"、2011年的"纳米技术2015行动计划",以及2013年"实施工业4.0战略建议书"。德国工业4.0这一概念是在2011年4月于德国举办的汉诺威工业博览会上首次被提出的。德国工业4.0在本质上实际是德国的再工业化战略,但是该战略并非只是一个纯粹的产业发展战略,而是一个关于产、学、研三方位共同制定的集合型战略。

德国工业4.0是工业化与信息化结合的产物,核心是网络化、信息化和智能化,是真正意义上的工业革命。工业4.0旨在从生产流程管理、企业业务管理到研究开发产品生命周期的管理形成一种"协同制造模式",形成集成了工程、生产制造、供应链和企业管理的网络协同制造系统。其核心是构建"物理信息系统"(CPS:Cyber-Physical System),这一系统旨在通过智能工厂、智能生产和智能物流,打造智能制造新标准。[1]

基于工业4.0的特点以及高度自动化系统以实时反映产品越来越复杂、产品差异化、产品生命周期越来越短的现实,未来的工业生产需要大量有素质和能力的工程人才来面对灵活性的需求。因此,德国工业4.0对德国的工程教育提出了新的挑战。

在工业1.0时代,手工业仍占据主导地位,机械化生产程度还很低,工业生产需要大量的熟练工,传统的"学徒制"是这个时期培养劳动力的主要途径。之后,机械化程度逐渐加深,机器开始替代手工劳动,与之相对应的正规技术学校应运而生。在这个时期,大学仍是象牙塔,教育的根本目的是培养社会精英。在工程教育方面,正如纽曼在1852年出版的《大学的理念》中提出的"大学真正要做的事情就是对学生进行理智训练,而不是学习实用技术",德国高校在工科领域的早期科学研究大都是纯理论研究,几乎没有系所开设技术课程。[2]

工业2.0时代带来了全新的变化,德国建立了一大批工科院校,如卡尔斯鲁厄(1865年)、慕尼黑(1868年)、亚琛(1870年)、布伦瑞克(1872年)、斯图

---

[1] 丁纯,李君扬. 德国"工业4.0":内容、动因与前景及其启示[J]. 德国研究,2014(4):49-66.
[2] 李立国. 工业4.0时代的高等教育人才培养模式[J]. 清华大学教育研究,2014,37(1):6-15.

加特(1876年)、达姆施达特(1877年)、柏林(1879年)、汉诺威(1831年)、德累斯顿(1890年)、但泽(1904年)和布莱斯劳(1910年)工业学院,等等。与传统大学不同的是,诞生于新时代的工科大学十分注重科学成果的转化。[①] 与此同时,由于工业2.0时代劳动分工的极大发展,工程领域的专业划分变得更加具体,且不同专业的课程也主要是依据工业化需求和职业需要来设置的。

在工业3.0时代,传统的专门化人才培养模式在自动化要求下受到挑战。针对职业至上和专业至上统治大学的现状,如何改变"知识被分割得支离破碎,学科划分过于狭窄,过分强调职业教育""人人只关心满足个人的需要,而缺乏共同责任感"等问题,过分强调专业教育的倾向在20世纪后半期开始转向,寻求专业教育与打好学科基础之间的平衡,普通教育和专业教育的携手并进。在这一背景下,德国的工科教育也由过去的专业化教育向宽口径、跨学科人才培养模式转变。例如,柏林科技大学成立了人文学院,设置了语言、文学、哲学、历史、音乐等人文科系及相应课程,力求向学生进行文理互通的教育,使学生能够掌握文理方面的深厚知识。

目前,德国高等教育机构包括综合类大学,师范类大学,工业类大学,艺术、音乐和电影学院类大学和应用科学类大学等五类。德国共有300余所高校,其中包括117所公立学校,52所私立学校,159所应用科学学校。德国共有190万在校学生,工科每年毕业生约有3.5万名。[②] 其中,德国的高等工程教育机构可以分为两类:一是以科堡应用科技大学、汉堡科技大学等(HAS7)为代表的应用科技大学;二是以慕尼黑工业大学、亚琛工大等九所工业大学联盟(TU9)为代表的工业大学。

德国工程教育有以下特点:第一,将工程教育与工程师资质制度融为一体,即只要工科专业学生拿到文凭和学位,即可获得被社会各界认可的"工程师"称号。第二,德国工程教育旨在培养成品工程师,这一点与中国高校的工程教育形成鲜明的对比。这是由于德国工程教育注重培养学生的实践能力,而中国工程专业的教育存在"理科化"的问题,即重理论而轻实践。第三,校企合作密切。德国企业进行了大量的教育投入,与高等教育机构共同培养工程

[①] 宋华明,常姝,董维春.美国高校推进学科交叉融合的范例探析及启示[J].学位与研究生教育,2014(9):73-77.

[②] 郑坚.革新而非革命——德国"工业4.0"及其对职业教育与培训的影响[J].世界教育信息,2016(23):45-48.

人才,同时,德国要求工程专业的教师必须有在企业任职的经历,这在很大程度上保证了德国工程人才解决实际问题的能力。

德国高等工程教育认证的组织系统是由各州文教部长联合主席会议和高等学校联合会、全国认证委员会、认证机构 ASIIN(全称是 German Accreditation Agency for Study Programs in Engineering, Informatics, Natural Sciences and Mathematics,即德国工程、信息科学、自然科学和数学专业认证机构)和高等院校共同构成。认证的执行机构——ASIIN 是德国高等工程教育认证制度的实施机构,包括 ASIIN 大会、ASIIN 理事会、专业认证委员会、ASIIN 总部和 ASIIN 专家组。① ASIIN 大会由来自四个方面的会员组成:大学会员组,负责协调综合性技术大学;应用科学大学会员组,负责协调应用科学大学;工业会员组,负责协调工业联合会和工业组织;协会会员组,负责技术与科学协会及专业组织的相关事宜。

德国 ASIIN 的认证标准是基于国际兼容的认证框架,结合德国工程教育实际而制定的。作为质量保障的认证标准是基于结果导向、学位课程和过程导向的学术评估相结合的质量认证体系。德国工程教育认证分为通用标准和专业标准,其通用标准是十几个工程专业都需要遵循的标准,由于考虑到每个专业的特殊性,在每个专业又设置了各自的专业标准。其中通用标准分为六个维度:学位课程的理念、内容和实施;结构、方法和实施;考试;资源;透明度和公开性;质量管理。② 具体如表 1 所示。

表 1　德国工程教育认证通用标准的六个维度表

	具体标准	备注
1.学位课程:理念、内容和实施	1.1 学位课程的目标和预期学习结果	具体标准参照 ASIIN 的专业标准
	1.2 学位课程的名称	学位课程的具体设置会影响到预期目标和学习结果
	1.3 课程	
	1.4 录取要求	

① 孙进.德国高等教育认证——机构、程序与标准[J].高等教育研究,2013(12):88-95.
② 王莹玥.德国高等工程教育认证制度研究[D].南京:南京理工大学,2017.

续表

	具体标准	备注
2.学位课程:结构、方法和实施	2.1 课程结构和课程转换	
	2.2 课时量和学分	
	2.3 教学方法	
	2.4 支持和帮助	
3.考试	制度、理念和组织结构	
4.资源	4.1 人员	为学生提供帮助和建议
		行政任务
	4.2 资金和设备	资金保证
		充足和高质量设施
		内外部合作的稳定、牢固的规章制度
5.透明度和公开性	5.1 模块类型	
	5.2 文凭和文凭补充文件	
	5.3 相关规章制度	
6.质量管理	质量评估和发展	

工业4.0对德国的工程教育体系提出了新的要求,具体表现在:

教育范式的转型。到目前为止,德国工程教育范式已经经历了两次转型:第一次由注重技术应用的"技术范式"转向强调科学研究的"研究范式",第二次由"研究范式"转向注重实践的"工程范式"。但是,随着新技术的发展,工业4.0对于拥有较强综合素质的复合型人才的需求激增,必然会导致已有的工程教育"工程范式"的革新。

课程体系的调整。新的工业革命推动了新产业、新技术的诞生,这对工程教育中的传统课程体系提出了挑战。当前,工程教育普遍存在的突出学科导向的知识学习系统将更多转变为需求引领、问题导向的知识构建式学习系统,将导致课程体系的重构、课程知识单元的重组、课程实施方式的变化等。

复合型人才的培养。在新工业革命背景下,技术问题愈来愈复杂,单靠某一学科的专业人才无法解决问题,工程项目的实施需要倚重于拥有不同学科背景的团队。复合型人才将是未来工程项目实施所必需的人才。

工程教育目标的转变。在德国工业4.0的大背景下,德国工程教育的目标已经不仅仅局限于培养优秀的工程师,而是要培养集技术与管理于一身的领袖型、创新型的科研人才与高级工程师。以德国克劳斯塔尔工业大学为例,其培养模式注重宽基础,该校要求其学生不仅要掌握工程技术专业知识,还要接受社科文化的教育,包括企业管理、专利法规、德国法律等社会实用性质的课程。

总之,在各国教育联系日益密切的背景下,工程教育国际合作已成为一种趋势。基于主要国家相关数据分析与工程教育改革现状,新时期工程教育国际合作有以下特点:第一,新一轮的信息科技革命推动着工程教育改革,工程教育国家合作内容日新月异。第二,高等工程教育规模有下降趋势,在人口出生率、毛入学率下降的背景下,如何吸引更多的学生参与到工程领域的学习中是面临的一个挑战。第三,女性在工程领域的代表性明显不足,需进一步鼓励女性从事工程学学习,提高女性工程师对工程发展的贡献。第四,工程科技领域仍是发达国家占据主要优势,新兴经济体国家研发力量仍须加强。第五,当前工程教育国际合作以主要发达国家为主导,主要发达国家工程教育改革走在最前沿,并与发展中国家开展多样化的合作项目。

第二章 "一带一路"背景下工程教育国际合作的机遇与挑战

工程与技术的发展与应用,支持和推动了经济社会的可持续发展。工程与技术在满足人类基本需求、减少贫困、实现可持续发展和缩小"知识鸿沟"等方面发挥着关键作用。现在人们意识到工程在知识应用于创新中的核心与支柱地位,特别是在环境与适应气候变化等领域中的作用,工程教育将再次崛起。① 近些年,世界发达工业国家、新兴经济体国家以及国际组织频繁发布有关工程,尤其是与工程教育相关的报告。这些报告对人类及社会的发展都产生了深远的影响。

但是,我们也要看到另外一面,科学技术和工程的发展也是资源消耗、环境污染和生态破坏的主要原因之一。如:日益严重的水环境污染、大气污染和固体废弃物污染;不断加剧的资源短缺,如水资源、耕地资源、森林资源、矿产资源的锐减;生态系统的破坏及其所带来的土地荒漠化、酸雨蔓延、生物多样性减少,以至于全球性的气候变暖、臭氧层的破坏,以及有毒化学品的泛滥和积累。这些问题无一不危及人类的健康和生存,也已经极大地损害和制约着经济的发展,甚至对地球的命运也造成了严重的威胁。这些问题很大程度上是人类活动,特别是工程科技的发展所造成的。②

2015年,在联合国可持续发展峰会上,联合国193个成员国在峰会上正式

---

① 世界工程组织联合会,国际工程与技术科学院理事会,国际咨询工程师联合会. 工程:发展的问题挑战和机遇[R]. 2012-10.
② 钱易. 面向可持续发展的工程教育[R]. 2015工程教育国际论坛,2015.

通过了 17 个可持续发展目标(如图 17 所示)。①

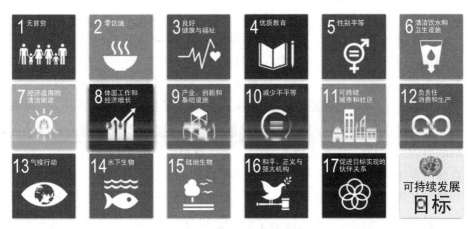

图 17 联合国 17 个可持续发展目标

这些可持续发展目标旨在应对未来 15 年全球面临的紧急挑战,17 个可持续发展目标分别是:

目标 1:无贫穷

目标 2:零饥饿

目标 3:良好健康与福祉

目标 4:优质教育

目标 5:性别平等

目标 6:清洁饮水和卫生设置

目标 7:经济适用的清洁能源

目标 8:体面工作和经济增长

目标 9:产业、创新和基础设施

目标 10:减少不平等

目标 11:可持续城市和社区

目标 12:负责任消费和生产

目标 13:气候行动

目标 14:水下生物

目标 15:陆地生物

---

① 2016 联合国可持续发展目标报告.

目标16：和平、正义与强大机构

目标17：促进目标实现的伙伴关系

可持续发展目标为人类发展指明了前进的方向。为保证可持续发展目标实现，绿色工程开始逐渐进入到人类的生活和工作中。绿色工程技术的特点就是不能浪费资源、不能破坏环境和生态，应该以节约资源和环境友好为目标。而作为工程设计、建造者的工程师，有责任将绿色工程进行下去。工程教育也应该以可持续发展目标为依据，从战略角度进行改革，培养能为可持续发展战略的实施、为广大人民谋福利的未来工程师。面向可持续发展的工程教育的内容应该包括：第一，可持续发展的战略的由来和实质；第二，懂清洁生产和循环经济；第三，工程类学科的教育必须包括"工业生态学"；第四，各类不同的工科专业都应该为学生教授本专业在近40年来国内、国际开发应用的绿色工艺技术。①

21世纪开始，新一轮科技革命在世界范围内兴起，科技创新空前活跃，产业结构不断优化升级，全球产业分工正面临着重新调整。信息、生命、制造、能源、空间、海洋等领域的原创突破为前沿技术、颠覆性技术提供了更多创新源泉。学科之间、科学和技术之间、技术之间、自然科学和人文社会科学之间日益呈现交叉融合的趋势。迅速变化的世界为工程与工程教育的发展提供了难得的发展机遇，同时也提出了巨大的挑战，这关乎人类的未来。因此，我们需要认真思考工程的未来，更需要思考工程教育的未来。②

一、"一带一路"背景下工程教育国际合作的需求分析

（一）工程人才需求总体趋势分析

产业结构的调整将带来劳动力分布的调整。根据国际劳工组织的统计数据，2001年以来，全球三大产业从业人员数量需求产生了重要变化。在"一带一路"国家较为密集的亚太地区，2001—2020年，第一、第二、第三产业从业人员数量变化很大，农业从业人数快速下滑，服务业与工业从业人员数量迅速上升，如图18所示。自2010年起，亚太地区工业从业人数虽然仍呈逐年增长趋势，但增长势头与同期服务业相比有所减缓。非洲及阿拉伯地区三大产业从

---

① 钱易. 面向可持续发展的工程教育[R]. 2015工程教育国际论坛, 2015.
② 邱勇. 工程教育：为了人类更美好的家园[Z]. 北京：清华大学, 2018.

业人员数量也在逐年递增,只是变化趋势较小。欧洲和北美地区的三大产业从业人员没有明显变化。

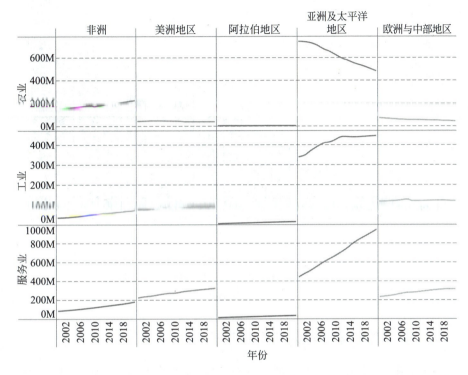

图18 2001—2019年国际劳工组织从业人员三大产业从业人员数量增长统计与预测

数据来源:ILOSTAT.2018,ICEE

制图:ICEE课题组

此外,一个积极的现象是全球高等教育工程类毕业生数也呈现逐年上升趋势,具体如图19所示。这些工科类毕业生进入劳动力市场后,将成为未来人才的重要储备[1]。

"一带一路"倡议提出后,各行各业开始关注对"一带一路"工程科技人才的需求。这种需求不仅仅包括中国企业对国际化工程科技人才的需求,还包括沿线国家对工程科技人才的需求。通过调研和走访,课题组了解到中国对沿线国家工程科技人才的培养方法大多是以校、企以及研究院的联合,以培养项目形式输出本地人才。

---

[1] 孙永福等.一带一路:工程科技人才培养与人文交流研究[M].清华大学出版社.2020.

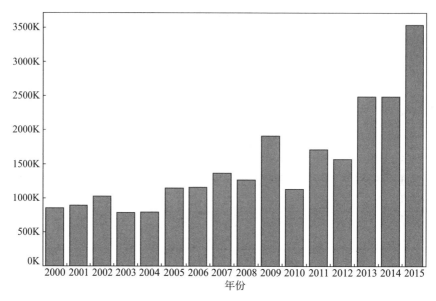

图 19　2000—2015 年全球工业制造业高等教育毕业生人数变化趋势图

数据来源：联合国教科文组织统计所、国际工程教育中心

制图：ICEE 课题组

（二）沿线国家工程人才需求分析

沿线国家来华留学生需求的一部分，来源于中国"一带一路"的基础建设项目。在中国的帮助下，沿线国家交通运输、建筑、信息通信、能源和金融五大行业迅速发展，成为"一带一路"经济战略中的重点发展领域。大批铁路、公路、产业园区建成后的运营、维护和管理专业人才急需补充，时间上刻不容缓，本地的优质人才成为最优选择。但是，在海外不同地区与行业中，适合中国企业发展的高品质本地人才最为缺乏，且在短时间内培养起来难度较高。

在可预见的未来，中国企业的海外人才多元化将是重要的发展趋势。但从目前的数据来看，海外人才招聘力度尚显不足。从海外招聘数据看，72%拥有海外业务的受访中国企业表示，海外机构的员工主要从中国外派，另外28%采用海外招聘的方式。[①] 因此，中国企业为拓展海外业务招募本地人才时，需要充分借助政府的力量，这对中国企业"走出去"的海外布局起到了积极的推动作用。

---

① 中国企业迈向"一带一路"[EB]．领英，2018．

在"一带一路"沿线国家对工程人才的强烈需求下,中国企业、高校、研究机构都日益重视国际化工程人才的培养,设立了相关教育项目。例如,中国企业的对接高校启动了留学生项目,针对蒙内铁路的后期服务,中国路桥和北京交通大学启动了肯尼亚留学生项目。中国高校也开启了创新人才培养方案,比如中国地质大学(武汉)针对人才的不同培养领域提出金色、蓝色、绿色"一带一路"国家人才培养方案。同时,研究机构利用培训项目建立相应培训体系,比如中国空间技术研究院的培训项目从国际航天交流合作延伸扩大到技术转让领域,建立了高效的国际卫星工程师培训体系,开设了"国际卫星工程师培训项目",极大地促进了工作的有效开展。[1]

(三)培养培训模式及对象分析

中国与"一带一路"沿线国家积极开展国际工程教育人才培养,培养模式主要有两大类:学位教育(培养)和非学位教育(培养),培养对象既包括本地人才也包括外派人才。培养的主要模式主要有四种:依托院校、校企合作、校所合作、海外办学;培训的主要模式分为依托工程项目、短期研修(参观考察)、专业技术培训、政产学联盟等。

近年来,中国政府不断加大援外培训力度,先后举办了各类培训班5000多期,累计为受援国培养近40万名各类人才,涵盖工业、商贸、教育、医疗、农业、环境保护等多个领域。[2] 在这个过程中,高校参加援外培训的积极性和主动性不断增强。

二、"一带一路"背景下工程教育国际合作的机遇挑战

近些年,随着学科间、科学和技术间、自然科学和人文社会科学之间呈现出独立发展又交叉融合的趋势,工程科学也随之发生了重大的变化,工程教育自然也随之面临着更加多样性的变化和更难解决的问题。

(一)国际工程教育普遍存在问题研究

第一,工程教育存在弱化的趋势。在全球范围内,工程教育与工程师培养

---

[1] 孙永福等. 一带一路:工程科技人才培养与人文交流研究[M]. 清华大学出版社. 2020.
[2] 商务部. 积极开展对外援助推动构建人类命运共同体[EB/OL]. http://www.mofcom.gov.cn/article/ae/ai/201710/20171002656068.shtml.

之间有着一定的失衡,在工程领域,仍存在以理科教育的方式培养工程师的现象。工科教师工程背景缺乏、工科学生的实践能力不高、行业企业对人才培养过程参与度不够等问题广泛存在。此外,随着技术进步的加速,工程师的专业技能需要不断更新,然而由于成本和机会等原因,很多工程师难以得到充分的继续教育,工程师的终身学习面临巨大挑战。在很多发达国家和发展中国家,工程师的经济收入与商业、管理、法律等职业相比差距越来越大。工程师这一职业对青年一代的吸引力持续减弱。优秀青年对工科专业的兴趣降低,甚至出现"逃离工科"的现象。这些问题不是一所学校的问题,也不是一个国家的问题,而是全体工程教育界共同面临的问题。[①]

第二,工程创新人才严重缺乏。全球科技进步日新月异,产品更新换代周期缩短,对工程科技人员的创新能力不断提出新挑战。创新型人才的缺乏已经成为工程科技领域十分突出的问题。同时,在全球化深入发展的背景下,愈加复杂的工程问题需要跨学科、跨领域、跨文化的解决方案,这对工程师的专业技能、胜任素质和创新能力提出了更高的要求。[②]

第三,工程教育资源分布存在不均衡的现象。很多发展中国家和地区,迫切需要以工程支撑可持续发展,但是大量的工程技术、经济资源、人力资源和信息资源集中在发达国家,发展中国家工程科技人力资源严重匮乏。[③]现阶段,世界各国虽然加大了对工程教育的重视力度,也有越来越多的年轻人接受大学教育,但是仍有很多国家缺乏足够的工程师。其实,这个问题的关键在于社会没有培养足够的工程师来应对高速发展的工程需求。发展中国家的学术人员,往往为了追求更好的学术理想或者资金支持和职业发展,流入了发达国家,并在发达国家取得学位、获得满意的职位以及更高报酬。这不断导致发展中国家人才的大量流失,也对发展中国家的工程行业造成致命打击。工程师的全球分配不均衡,造成缺乏能力来配合联合国可持续发展目标的达成。

第四,在工程学位方面,种族和性别差异突出。美国国家科学基金会资助的《2018年工程教育现状报告:工程学位多样性写照》重点得出以下几个结论:第一,尽管西班牙裔和非洲裔学生数量大幅增加,但是这两个群体以及美国印第安人、阿拉斯加原住民和夏威夷原住民、太平洋岛民学生在本科生和研究生阶段的工程专业比例明显偏低。第二,从2011—2016年,非美国居民的

[①][②][③] 邱勇.工程教育:为了人类更美好的家园[Z].北京:清华大学,2018.

工程学毕业生出现大规模增长。但是,并不是非美国居民毕业生挤占了美国居民的工程学份额,而是美国居民毕业生主要集中在其他的学科。第三,工程学存在性别差异。尽管在2015—2016年时,女性获得了所有研究领域中的大部分学士学位,但是在工程学中女性获得的学位数量依旧低于男性。第四,传统非洲裔学院和大学以及西班牙裔服务机构在非洲裔和西班牙裔学生的工程教育方面扮演了很重要的角色。①

(二) 工程教育国际合作必要性研究

目前,越来越多的人意识到,面对21世纪的挑战,工程科技和工程教育应该开展深度的跨国合作,作为人类社会福祉贡献者的工程师应该实现国际流动和区域流动。面向未来,加强国家间、机构间、组织间、学校间的国际合作至关重要。全面提升工程和工程教育在社会上的影响力,凝聚更多的国际共识,鼓励更多的人投入到工程事业中,是建立起广泛和深度合作伙伴关系的关键。

正如联合国可持续发展目标的第17个目标所指出的——加强执行手段,重振可持续发展全球伙伴关系,工程科技和工程教育支撑可持续发展,需要国际社会的共同行动,而国际工程教育机构需要在这一过程中承担起重大使命,扮演重要角色,这也是国际工程教育中心应当肩负的时代使命。要实现2030年可持续发展议程,振兴和加强全球伙伴关系,关键是充分调动政府、民间社会、私营部门、联合国系统及其他组织的可用资源。加强对发展中国家,特别是最不发达国家、内陆发展中国家及小岛屿发展中国家的支助,对人人公平地分享进展极其重要。②

中国一直致力于加强工程科技和工程教育的国际合作,"一带一路"倡议是中国积极推进人类命运共同体建设的时代行动。习近平主席在推进"一带一路"建设工作5周年座谈会上指出"共建'一带一路'顺应了全球治理体系变革的内在要求,彰显了同舟共济、权责共担的命运共同体意识,为完善全球治理体系变革提供了新思路新方案"。

1. "一带一路"沿线国家开展全面合作

政策沟通是"一带一路"建设的重要保障。2018年8月,国务院新闻办公

---

① 美国国家科学基金会.2018年工程教育现状报告:工程学位多样性写照[R].2018:5-7.
② 2016可持续发展目标报告.纽约:联合国,2016.

室公布的数据显示,已经有103个国家和国际组织与中国签署了"一带一路"合作协议。从"一带一路"倡议提出至2018年4月,中国国家主席习近平"一带一路"国际出访37次,有52个"一带一路"国家的元首访问中国总计达到107次。① 其中,中国与周边国家,如俄罗斯、菲律宾、柬埔寨等交流频繁。

在全球经济发展普遍放缓的情况下,中国经济呈现出超高质量的发展态势,在高基数上总体表现平稳且稳中有进。五年来,中国对沿线国家贸易和投资总体保持增长态势。金融合作方面,中国与亚洲、大洋洲、南亚地区国家的合作表现优秀,与阿联酋、巴基斯坦、俄罗斯、哈萨克斯坦、韩国、泰国等16个国家金融合作进展良好。2017年,中国十大贸易伙伴分别是韩国、越南、马来西亚、印度、俄罗斯、泰国、新加坡、印度尼西亚、菲律宾和沙特阿拉伯。卡塔尔、黑山、蒙古国和哈萨克斯坦与中国的进出口增速超过35%,是未来贸易合作的重点地区。②

"一带一路"建设重点在亚非欧大陆。从世界范围内看,非洲各国发展相对落后,经济、文化水平有待提高,基础设施建设提升空间非常大。为了帮助以非洲为首的发展中国家的基础设施建设,中国积极推进重大项目在"一带一路"沿线各国落地生根。例如,中国中铁在最初签约的65个"一带一路"沿线国家中的32个国家有项目,在建工程达到117个,涉及合同金额132亿美元。中国中铁建设了亚万高铁、中老铁路、德伊铁路等在建重大境外项目,亚吉铁路等已经完工即将运营的项目,中泰铁路、匈塞铁路、马新高铁、中缅铁路等正在重点跟踪运作的项目。中国中交集团承包、中国路桥承建的蒙内铁路,全线长480公里,连接了肯尼亚、坦桑尼亚、乌干达、卢旺达、布隆迪及南苏丹等东非六个国家,已经于2017年5月底通车。中土集团先后承担实施了坦赞铁路、尼日利亚铁路、博茨瓦纳铁路的修复改造,吉布提工商学校、卢旺达国家体育场、阿联酋城市立交桥、澳门西湾大桥、澳门边检大楼等代表工程。

"一带一路"建设,民心相通是基础,人文交流是核心。倡议建立在人的需求和尊严的基础上,建立在合作共赢、互助互学的基础上。文化差异是沿线国家最大的差异,文化融合是最重要的融合。以文化为桥梁,可以更好引领沿线各国、各领域、各阶层、各宗教信仰的交流合作。截至2018年,中国与61个沿线国家共建立了2013对友好城市。自"一带一路"倡议提出以来,我国每年与

---

①② 推进"一带一路"领导小组办公室指导、国家信息中心."一带一路"大数据(2018).

"一带一路"国家新增友好城市数量一直占新增总量的50%以上,倡议对友好城市搭建起到的促进作用非常明显。①

2. "一带一路"工程教育的国际化发展

"一带一路"建设,智力要先行,人才培养是关键。"一带一路"各个建设项目的实施需要大量的工程科技和工程管理人才,对工程科技人才培养的规模、层次、知识、能力、素质方面提出了更多且更高的要求,尤其是对工程师的国际视野、跨文化沟通交流、工程伦理、国际法规等在内的全球胜任力方面提出了更高的要求。在"一带一路"建设的历史新时期,迫切需要培养一大批多层次、多类型、多样性的工程科技人才,这已经成为具有基础性、先导性的重大问题,对于以工程科技支撑"一带一路"建设的最终成效具有重大影响。国家需要对工程科技领域的人才培养、人才流动进行统筹考虑、加强顶层战略设计。

据统计,2016年我国在"一带一路"国家设立了17个国家文化中心、173所孔子学院和184个孔子课堂,约占全球孔子学院和课堂总数的1/4。2016年注册学员达到46万人,开展各类文化活动近8000场,受众高达270万人。教育部统计数据显示,2017年,我国出国留学人数首次突破60万,出国留学规模持续增长。中国设立了"丝绸之路"中国政府奖学金,每年资助1万名沿线国家新生来华学习或研修;与24个沿线国家和地区签署了高等教育学历学位互认协议。除了欧美发达国家和地区,"一带一路"沿线国家已经成为新的留学目的地。②

(三)中国工程教育国际合作的机遇与挑战

1. 中国工程教育国际合作的机遇

"一带一路"倡议为中国工程教育带来了难得的机遇。

机遇一:"一带一路"建设成为沿线国家发展的新引擎。从2013年到2018年的五年间,中国奉行互利共赢的开放战略,坚持引进来和走出去,推动形成了陆海内外联动、东西双向互济的开放格局,致力于促进友好国家的共同发展、利益共享。"一带一路"沿线国家在全球贸易版图中的地位日趋重要。根

---

①② 推进"一带一路"领导小组办公室指导、国家信息中心."一带一路"大数据(2018)

据中国国家开发银行(CDB)、联合国开发计划署(UNDP)的报告,"一带一路"沿线国家GDP总量及其在世界GDP总量中所占份额持续增长。①"一带一路"国家在交通基础设施建设、信息基础设施建设、能源与资源、制造业、冶金与化工、农业、生态环境保护、医疗健康等领域的国际贸易合作也越来越紧密。根据国家信息中心《一带一路贸易合作大数据报告2018》,2017年"一带一路"71个国家对外贸易占全球贸易总额的27.8%。②

机遇二:"一带一路"建设行动务实,共建共享成效显著。"一带一路"建设中的务实行动,践行了共建共享的理念,取得了显著成效,将为倡议的未来发展提供良好机遇。截至2018年9月,中国与"一带一路"沿线国家进出口总额超过6万亿美元,新签对外承包工程合同超过5000亿美元,为当地创造就业岗位24.4万个,上缴东道国税费累计20.1亿美元。

机遇三:"一带一路"倡议与联合国可持续发展目标契合。2013年9月,中国提出构建"丝绸之路经济带"要创新合作模式,加强"五通"。2015年9月,联合国193个成员国正式通过17个可持续发展目标(SDGs)。可持续发展目标是联合国成员国的共同愿景规划,将在联合国千年发展目标到期之后继续指导2015—2030年的全球发展。"一带一路"倡议目标与联合国2030年可持续发展目标具有高度关联性。要使"一带一路"倡议顺利推进,在复杂的国际竞争中赢得主动,当前要特别强调倡议的包容性,特别是与全球可持续发展目标等国际共识的高度契合性,为"一带一路"倡议提供了坚实的正当性基础和广泛的国际民意空间。这将有利于促进中国所倡导的人类命运共同体建设,有利于推动世界的可持续发展。"一带一路"的"五通"目标和联合国可持续发展目标,都离不开工程科技与工程人才的支撑。面向未来,工程科技将在"一带一路"建设和世界可持续发展中发挥更加重要的作用,这是工程科技人才培养的重大机遇。③

机遇四:"一带一路"工程人才需求旺盛。以经济走廊为引领,以海陆空通道和信息高速路为骨架,以重大工程为依托,在"一带一路"沿线将形成复合型

---

① China Development Bank, United Nations Development Programme (UNDP), Peking University. The Economic Development along the Belt and Road 2017 report[R/OL]. http://www.cn.undp.org/content/china/en/home/library/south-south-cooperation/.
② 国家信息中心.一带一路贸易合作大数据报告2018[R].2018:1.
③ 孙永福等.一带一路:工程科技人才培养与人文交流研究[M].清华大学出版社.2020.

的基础设施网络。以铁路为例,根据各国铁路规划信息,未来20~25年(2040年前),世界铁路建设需求12万~15万公里。其中高铁需求约1.5万~3万公里(不含中国),投资总额0.6万亿~1万亿美元。轨道交通装备新造市场和维修市场容量1330亿美元,其中新造市场654亿美元、维修市场676亿美元。这对制造、运营、维修等各种类型的人才产生了巨大的新需求。据OECD预测,2013—2030年全球基础设施建设年均增长速度为4.9%,2030年将达到55万亿美元。目前,"一带一路"沿线国家的一大批基础设施建设即将或已经进入施工实施阶段,铁路、公路、桥梁、电网、光缆、机场、港口、油气管道等项目,产业经济带建设,国际产能合作,以及东道国工业园区建设等众多项目已经提出了对工程人才的迫切要求。

2. 中国工程教育国际合作的挑战

"一带一路"背景下,中国工程教育也面临着一系列挑战。

挑战一:技能型人才数量不足。中国海外企业技术工人缺乏问题突出,需求十分迫切。20世纪中期,发达国家基本完成了工业化,并逐步开始去工业化的过程。2008年金融危机之后,发达国家对实体经济的重要性有了更加深刻的认识,以美国为代表的制造业回归的呼声高涨。与此同时,发展中国家工业化建设加快推进,一些国家例如中国进入与信息化相融合的新型工业化阶段。全球产业变革使得全球工业化迎来新一轮浪潮,对技能人才的需求也进入一个新高潮。国际劳工组织的数据显示,非洲和亚太地区第二产业从业人员呈现快速增长的趋势,2018年亚太地区第二产业从业人员数量已经超过3亿人。《中国企业海外可持续发展报告》对487家企业的有效答卷显示,43%的企业表示缺少技术工人。

挑战二:高级别人才非常缺乏。对"一带一路"沿线交通运输、建筑、信息通信、能源和金融五大行业调查显示,高级别人才缺乏的问题极为突出,亟待加强高层次人才培养。《国有企业国际化与多元化人才测量调研报告(2016)》显示,66%的企业表示,在整体人才挑战中高级别人才缺乏问题非常突出。高级人才的缺乏主要是指能够适应国际化要求的高级人才短缺,并且短缺的比例巨大。企业在海外施工过程中会遇到很多复杂的工程问题,迫切需要高级人才应对和解决。同时,高级工程技术人才的缺乏,也使得技术标准体系对接等进展十分困难。

挑战三：工程人才的全球胜任力不足。文化差异与风俗习惯对工程人才的能力带来新挑战，亟待培养复合型人才。对有关企业的调研显示，我国外派人才胜任全球的工作能力有欠缺，特别是对国际工程环境，包括法律、文化、宗教等环境的认识不足，对地区、跨文化问题的分析能力不足，与不同文化背景的人进行互动的能力不足，对他人的看法和世界观的理解能力不足，这些极大地限制了工作的开展。在海外工作过程中，中国企业外派的大多是技术人才，在技术方面可以胜任，适应性方面也可以解决。但是，派出人才大多对海外商务规定、国际惯例、法律法规方面的认识欠缺，对宗教文化的认识欠缺。这些都对海外人才的胜任能力提出挑战且难以通过短期培训速成。

挑战四："一带一路"工程人才流动受限。由于劳动力市场保护、工程教育认证、工程师资格认证体系不健全等原因，"一带一路"工程师的跨国流动受到限制。劳动力市场保护是各国的重要政策，如何在平等协商的基础上，建立起更为开放的跨国家的工程教育互认和工程师认证和流动机制，是亟待解决的问题。目前，华盛顿协议、悉尼协议、都柏林协议、亚太经合组织协议、国际专业工程师协议、国际工程技术人员协定等，还是少数工程教育发达国家的俱乐部。2016年，中国加入本科教育学历互认的《华盛顿协议》，走出工程教育国际互认的关键一步。但是，我们必须清醒地认识到，工程教育学历互认不等于工程师资格互认，实现工程师的跨国流动还有很长的路要走。

在"一带一路"倡议的背景下，中国工程教育既面临着发展环境开放、建设行动务实以及人才需求旺盛等机遇，又面临着高级人才欠缺、全球胜任力不足及人才流动受限等挑战。因此，中国工程教育及国际合作需要格外注意培养学生的国际视野、跨文化沟通协作能力、工程伦理等在内的全球胜任力等方面能力，尤其要关注发展中国家、"一带一路"沿线国家，尤其是非洲国家在工程科技人才培养方面的相关需求，为中国继续扩大"朋友圈"奠定深厚的人文基础。

（四）"一带一路"工程人才培养的SWOT分析

"一带一路"建设背景下，工程人才培养的内部优势和劣势、外部机遇和挑战简要列举如下。

优势（S）：国内政治时局稳定、经济增长平稳、"一带一路"配套政策务实；改革开放四十年积累了丰富的工程科技发展经验；工程教育体系完备，工程教育资源丰富;工科在校生规模庞大(在校生超过1000万),具有丰富的人力资源储备。

劣势(W):工程教育的国际化程度普遍较低;工程教育认证的覆盖面不足;工科教师缺乏工程实践背景;海外人才培训制度不完善;欠缺产学研协同联动育人的长效机制。

机会(O):工程科技各领域的国际合作交流日益频繁;工科学生流动国际化趋势明显;沿线国家工程建设需求量大且迫切;"一带一路"沿线国家务实合作、成效显著,虽有政治因素干扰,但总体发展趋势向好。

威胁(T):政治、法律等方面的风险加大;沿线国家经济承载力有限;中国标准与国际标准对接存在困难,精通标准转换的高级人才缺乏;部分工程科技领域与发达国家竞争缺少优势,等等。

基于对上述优势、劣势、机遇和挑战的分析,构造工程人才培养的SWOT矩阵,并制定相应的行动计划,简要列举如图20所示。

内部能力 外部因素	优势 (strengths) 1. 时局稳定、政策开放、经济发展 2. 工程实践,工程教育大国 3. 工程教育培训体系日益完善 4. 工程科技学生基数庞大	劣势 (weaknesses) 1. 工程教育认证体系不完善 2. 海外人才培训制度不完善 3. 工程教育国际化程度相对较低 4. 校、企、科研单位欠缺联动机制
机会 (opportunities) 1. 国际间各领域合作交流频繁 2. 工程科技学生流动国际化趋势明显 3. 沿线国家工程建设需求量大且迫切 4. 沿线国家务实合作,成效显著	SO 1. 制定利好政策,积极推进沿线国家各领域合作 2. 继续完善工程教育培训体系建设,推动学科建设 3. 加强工程教育力度,推动工科学生国际交流 4. 推进沿线国家设施联通,主动承接工程建设任务	WO 1. 推动工程教育认证体系建设,促进工程人才国际流动 2. 建立海外专业人力资源管理制度,完善人才培养机制 3. 引导院校国际化发展,注重培养复合型高级人才 4. 政府牵头引导海内外校、企、科研单位多方合作,创造多方共赢模式
威胁 (threats) 1. 与发达国家竞争缺少优势 2. 技术标准国际对接存在困难 3. 沿线国家经济承载力有限 4. 法律、宗教等人文交流受限	ST 1. 承接非洲国家工程建设,助力其产业升级改造 2. 帮助沿线国家经济发展,缩短与发达国家差距 3. 加强国际间人文交流,协助中国企业海外落地生根 4. 提高中国技术标准,对接国际技术标准	WT 1. 与发达国家对接,推进中国工程教育认证体系建设 2. 引入国际工程教育理念,学习先进工程教育方法 3. 以国家为主体,搭建国际交流合作平台 4. 推动沿线国家人文交流,推动舆论正面导向

图20 "一带一路"工程人才培养的SWOT分析

制图:ICEE课题组

总之,中国需要积极利用利好政策,推进"一带一路"沿线国家实现"五通"目标,以点带面,从线到片,逐步形成区域大合作格局。在这个过程中,逐步推进以国家为主体打造国际工程合作交流平台,既与发达国家对接推动工程教育认证体系建设,也通过产学研合作完善我国的工程教育培训体系建设,加强国际间交流合作推动工程人才国际化培养和流动,加强国际人文交流助力企业快速发展等计划的落实。

三、"一带一路"背景下工程教育国际合作的模式探索

工程科技正在为"一带一路"沿线国家的民众造福,工程教育是实现与扩大民众之福的重要路径。

(一)沿线国家工程教育国际合作重要模式

1. 依托工科留学生项目国际合作的重要模式

根据教育部的统计,2013—2018年,中国出国留学人数和来华留学人数都快速增长。2018年中国出国留学人数66.21万人,比2013年增长24.82万人,增幅达60%;2018年来华留学人数49.22万人,比2013年增长13.57万人,增幅达38.06%,特别是亚洲和非洲来华留学生增长显著,详见表2、表3。2018年享受中国政府奖学金人数6.3万人,与2013年相比,增幅达89.19%。每年来华留学的生源地国家接近200个,接收留学生的教育科研机构超过1000所。2017年,"一带一路"沿线国家来华留学生31.72万人,占总人数的64.85%;中国赴"一带一路"沿线国家留学6.61万人,比上年增长15.7%。学习工科、管理、理科等专业的学生数量增长明显,同比增幅均超过20%(截至2017年6月)[①]。

表2 中国出国留学和留学回国人员统计(2013—2018年)　　　万人

年度	出国留学总数	比上一年增长/%	国家公派	单位公派	自费留学	留学回国总数	比上一年增长/%	国家公派	单位公派	自费留学
2013	41.39	3.58	1.63	1.33	38.43	35.35	29.53	1.19	1.01	33.15
2014	45.98	11.09	2.13	1.55	42.30	36.48	3.20	1.61	1.26	33.61

---

① 中国政府网.中国去年出国留学人数首破60万[EB/OL]. http://www.gov.cn/shuju/2018-04/01/content_5278951.htm.

续表

年度	出国留学总数	比上一年增长/%	国家公派	单位公派	自费留学	留学回国总数	比上一年增长/%	国家公派	单位公派	自费留学
2015	52.37	13.9	2.59	1.60	48.18	40.91	12.1	2.11	1.42	37.38
2016	54.45	3.97	3.00	1.63	49.82	43.25	5.72	2.25	2.00	39.00
2017	60.84	11.74	3.12	3.59	54.13	48.09	11.19	—	—	—
2018	66.21	8.83	3.02	3.56	59.63	51.94	8.00	2.53	2.65	46.76

资料来源①:根据教育部历年统计整理,《工程科技支撑"一带一路"建设人才培养与人文交流》课题组。

注:"—"表示未公布数据项。由于历年公布时间不同,与当年底实际数据可能略有误差。

表3 来华留学统计(2013—2018年)

年度	人数	比上一年增长/%	亚洲	非洲	欧洲	美洲	大洋洲	学历教育	非学历教育	中国政府奖学金	自费留学
2013	356 499	8.58	—	—	—	—	—	147 890	208 609	33 322	323 177
2014	377 054	5.77	225 490	41 677	67 475	36 140	6272	164 394	212 660	36 943	340 111
2015	397 635	5.46	—	—	—	—	—	184 799	212 836	40 600	357 035
2016	442 773	5.77	264 976	61 594	71 319	38 077	6807	209 966	232 807	49 022	393 751
2017	489 200	10.49	—	—	—	—	—	241 500	247 700	58 600	433 600
2018	492 185	0.62	295 043	81 562	73 618	35 733	6229	258 122	234 063	63 041	429 144

资料来源②:根据教育部历年统计整理,《工程科技支撑"一带一路"建设人才培养与人文交流》课题组。

注:"—"表示未公布数据项;由于历年公布时间不同,与当年底实际数据可能略有误差;以上数据不含港、澳、台地区

---

① 出国留学和回国数据原始链接:
2013年,http://old.moe.gov.cn/publicfiles/business/htmlfiles/moe/s5987/201402/164235.html.
2014年,http://www.moe.gov.cn/jyb_xwfb/gzdt_gzdt/s5987/201503/t20150305_186107.html.
2015年,http://www.moe.gov.cn/jyb_xwfb/gzdt_gzdt/s5987/201603/t20160316_233837.html.
2016年,http://www.moe.edu.cn/jyb_xwfb/xw_fbh/moe_2069/xwfbh_2017n/xwfb_170301/170301_sjtj/201703/t20170301_297676.html.
2017年,http://www.gov.cn/shuju/2018-04/01/content_5278951.htm.
2018年,http://www.moe.gov.cn/jyb_xwfb/gzdt_gzdt/s5987/201904/t20190412_377692.html.

② 来华留学数据原始链接:
2013年,http://www.moe.gov.cn/s78/A20/s3117/moe_854/tnull_8520.html.
2014年,http://www.moe.gov.cn/jyb_xwfb/gzdt_gzdt/s5987/201503/t20150318_186395.html.
2015年,http://www.moe.gov.cn/jyb_xwfb/s5147/201604/t20160415_238378.html.
2016年,http://www.moe.gov.cn/jyb_xwfb/xw_fbh/moe_2069/xwfbh_2017n/xwfb_170301/170301_sjtj/201703/t20170301_297677.html.
2017年,http://www.moe.gov.cn/jyb_xwfb/gzdt_gzdt/s5987/201803/t20180329_331772.html.
2018年,http://www.moe.gov.cn/jyb_xwfb/gzdt_gzdt/s5987/201904/t20190412_377692.html.

2. 依托工程建设项目国际合作的多样模式

中国企业依托工程建设项目,积极履行社会责任,通过校企合作、短期研修、内部培训、建立丝路学院、交通学院等多种方式,为当地培养工程科技人才。例如,根据中国交通建设股份有限公司《肯尼亚标轨铁路项目社会责任报告(2017—2018)》,肯尼亚标轨铁路项目(蒙内铁路和内马铁路)累计雇佣当地员工超过7.2万人,累计为当地培养5000余名铁路技术人才,使他们成为未来肯尼亚铁路运营和维护的中坚力量。[①]

3. 依托工程教育平台开展国际合作的新型模式

据不完全统计,截至2018年,中国内地高校或科研机构发起的各类"一带一路"国际教育联盟总数量已经超过30个(见表4)。例如,清华大学等发起的亚洲大学联盟致力于发挥大学在解决区域性和全球性问题中的重要作用;浙江大学等发起的"一带一路"国际工程教育联盟,致力于工程教育国际合作联动与成果共享[②];西安交通大学等发起的丝绸之路大学联盟(UASR)[③]致力于推动高等教育开放合作、倡导多元文化交流互鉴;西南交通大学、中南大学等高校发起的"一带一路"铁路国际人才教育联盟,致力于建设学术交流、协同研究、资源共享的铁路国际人才协作网络[④]。这些探索预示着共商共建共享的国际工程教育合作伙伴关系日益紧密,工程科技人文交流日益深入。

表4 "一带一路"国际教育联盟部分名单

序号	发起或理事长单位	联盟名称(是否有官方网站)	成立时间	成员总量(截止日期)	国际成员数	成员涵盖主体
1	中联部当代世界研究中心	"一带一路"智库合作联盟(有官网)	2015-04-08	226(2017年9月)	109	高校、科研院所、政府机构、社会组织

---

① 新华社. 中企承建肯尼亚铁路项目当地用工超7.2万人[N/OL]. http://www.gov.cn/xinwen/2018-06/23/content_5300647.htm.
② "一带一路"工程教育国际联盟在杭州成立推动实现教育发展合作联动成果共享[N/OL]. http://www.zju.edu.cn/2018/1116/c23653a901525/pagem.htm.
③ 丝路大学联盟简介[EB/OL]. http://www.xjtu.edu.cn/info/1947/1985220.htm.
④ "一带一路"铁路国际人才教育联盟成立大会暨第一届理事会会议在西南交通大学召开[EB/OL]. https://news.swjtu.edu.cn/shownews-16859.shtml.

续表

序号	发起或理事长单位	联盟名称（是否有官方网站）	成立时间	成员总量（截止日期）	国际成员数	成员涵盖主体
2	西安交通大学	丝绸之路大学联盟（有官网）	2015-05-22	151（2018年10月）	109	高校
3	兰州大学等	"一带一路"高校战略联盟	2015-10-17	148（2017年9月）	—	高校
4	上海交通大学	"一带一路"科技创新联盟	2016-10*	20（2016年10月）	13	高校、企业、科研院所
5	西北农林科技大学	丝绸之路农业教育科技创新联盟(有官网)	2016-11-05	76（2018年10月）	27	高校、企业、科研院所、
6	中国科学院	"一带一路"科技组织联盟	2016-11-07	22（2017年5月）	—	科研院所
7	北京工业大学	"一带一路"中波大学联盟	2017-03-21	27（2018年10月）	12	高校
8	西北工业大学	"一带一路"航天创新联盟	2017-04-23	51（2018年10月）	22	高校、企业、科研院所
9	中央音乐学院	"一带一路"音乐教育联盟	2017-05-10	—	—	—
10	河海大学	"一带一路"水战略联盟	2017-06-03	—	—	—
11	陕西职业技术学院	"一带一路"职教联盟(有官网)	2017-06-04	71（2017年5月）	13	高校、企业、行业协会、政府部门
12	宁波职业技术学院	"一带一路"产教协同联盟	2017-06-10	—	—	—
13	贵州大学	"一带一路"人才培养校企联盟	2017-07-27	—	—	—
14	哈尔滨工业大学管理学院	"一带一路"商学院联盟	2017-08-26	28（2017年8月）	19	高校院系
15	广东轻工职业技术学院	"一带一路"职业教育联盟(广东)	2017-09-22	54（2017年9月）	2	高校、企业、行业协会

续表

序号	发起或理事长单位	联盟名称(是否有官方网站)	成立时间	成员总量(截止日期)	国际成员数	成员涵盖主体
16	北京建筑大学	"一带一路"建筑类大学国际联盟	2017-10-10	44（2017年10月）	36	高校
17	中国农业大学	"一带一路"动物科技创新联盟	2018-03-19	78（2018年3月）	14	高校、企业
18	中国计量大学	"一带一路"标准化教育与研究大学联盟	2018-05-20	105（2018年5月）	37	高校
19	广州铁路职业技术学院	华南"一带一路"轨道交通产教融合联盟	2018-05-21	34（2018年5月）	2	高校、企业
20	中国医科大学	"一带一路"国际医学教育联盟	2018-05-26	46（2018年5月）	18	高校
21	中冶沈阳勘察研究总院	"一带一路"科研院所联盟	2018-06-14	40（2018年6月）	5	科研院所
22	西南交通大学与中南大学	"一带一路"铁路国际人才教育联盟	2018-06-19	30（2018年6月）	—	高校、企业
23	福建农林大学	"一带一路"茶产业科技创新联盟	2018-06-20	77（2018年6月）	—	高校、企业、科研院所、行业协会、学会

注：有部分新成立的联盟从新闻等渠道获悉，未见网站

（二）工程教育国际合作模式案例研究

1. "中国空间技术研究院国际工程师培养"案例研究①

中国空间技术研究院（以下简称"研究院"）隶属于中国航天科技集团有限公司，成立于1968年2月20日，首任院长是著名科学家钱学森。研究院主要从事空间技术开发、航天器研制、空间领域对外技术交流与合作、航天技术应用等业务。自1970年4月24日成功发射我国第一颗人造地球卫星以来，研究院研制和发射了200余颗航天器，目前有百余颗航天器在轨运行，建造了载

---

① 本案例整理者：航天五院陈国宇、赵晟；国际工程教育中心徐立辉.

人航天、月球与深空探测、北斗卫星导航系统、对地观测、通信广播、空间科学与技术试验六大系列航天器,实现了大、中、小、微型航天器的系列化、平台化发展。研究院建造的东方红一号卫星、神舟五号载人飞船、嫦娥一号卫星已经成为中国航天发展的三大里程碑。

研究院现有中国科学院和中国工程院院士8人、国际宇航科学院院士13人、俄罗斯宇航科学院院士9人、国家级突出贡献专家13人、国务院政府特殊津贴获得者99人以及高级专业技术人才约5000人。研究院在岗职工中,博士占比7.8%,硕士占比36.0%,本科占比30.3%,其他学历占比25.9%。研究院在岗职工中,35岁及以下占比55.7%,36~45岁占比28.3%,46~55岁占比13.2%,56岁及以上占比2.8%。

航天工程科技国际化人才的培养内涵,是以服务航天国际化为目标,培养和造就能够满足航天事业跨越式发展、具有较大影响力的航天英才,以共同探索和利用外层空间为目的,开展全球更广阔的航天工程科技人才合作与人才培养,促进航天研制和创新成果实现国际互补、兼容、共享,已经形成了完整的航天工程科技国际化人才培养体系,具体见图21所示。

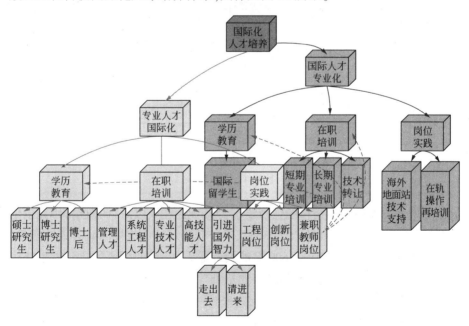

图21 航天工程科技国际化人才培养体系

制图:ICEE课题组

瞄准两类人才——"专业人才国际化、国际人才专业化";

构建三位一体——"学历教育、在职培训、岗位实践";

打造一个平台——"神舟学院"。

配合国家政治外交大局,研究院构建了多层次、多元化的国际业务格局。自2003年以来,研究院以亚、非、拉等地区的发展中国家为重点,深入系统地开展了国际市场开发与国际合作工作,不断加大对发展中国家的航天市场开发与合作力度,为国际用户提供天基卫星系统、地基卫星应用系统、卫星配套专业分系统及部组件产品等一系列产品,为国际用户开展航天工程科技人才培养,实现以国际化航天人才培养实现航天产业能力输出,如图22所示。

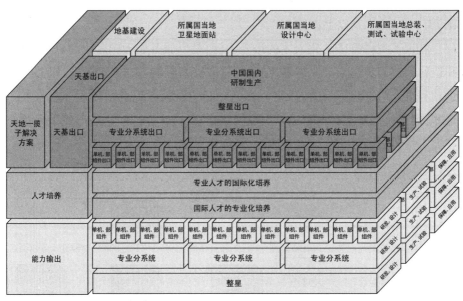

图22 研究院以人才培养实现产业能力输出

制图:ICEE课题组

应广大发展中国家用户的强烈要求,为实现"授人以渔"的效果,研究院依托"整星出口"等形式的国际合作项目,对外开展了较大规模的航天人才培养,先后为约30个国家培养了近600名航天专业人才,培训内容包括航天系统技术培训、宇航工程实操培训和短期专题培训等。此外,作为研究院相关整星出口项目的合作内容之一,国内高校也为来自阿尔及利亚、委内瑞拉、玻利维亚等3个国家的近200名国际学员提供宇航相关专业硕士和博士学位教育。[①]

---

① 孙永福等.一带一路:工程科技人才培养与人文交流研究[M].清华大学出版社.2020.

国际卫星工程师项目是有特色的重点项目。该项目一般是根据商务卫星合同需求,通过系列专业航天技术和管理培训,使国际学员获得航天器相应领域的系统知识和操作能力,履约研究院国际合作项目合同,助力国家发展战略,从"技术交流"和"文化交流"两个方面践行"一带一路"倡议精神。目前,神舟学院完成了多期国际培训项目,覆盖尼日利亚、委内瑞拉、巴基斯坦、印度尼西亚、白俄罗斯、老挝、阿尔及利亚等多个多家,培养国际学员 800 余人,满足客户政府航天人才需求,促进各国航天人才队伍建设,有效带动当地经济、社会和科技的发展。

国际客户培训的学员大多成长为该国航天局技术骨干和管理人员,部分学员更成为学科带头人和航天局高级官员。这些学员通过其在航天局的重要地位,对航天局结构进行了改革和创新,为更多的新生代工程师提供技术培训的机会,有效推动该国航天技术的发展交流,并积极参与航天政策的制定。他们也在后期与中国航天的合作项目中发挥了重要作用。比如:

委内瑞拉通信卫星一号项目学员 Mariano Imberto 成为委内瑞拉航天局执行局长、委内瑞拉遥感卫星项目负责人,后续代表委内瑞拉航天局与中方谈判航天其他合作项目,起到了决定性的作用。

巴基斯坦通信卫星一号 KHTT 项目经理 Usman Sadiq 成为巴基斯坦空间和上大气研究委员会主管卫星研发中心总经理,以他为代表的团队学员将在研究院所获得的管理理念和专业分布,应用于航天局结构的改革和重组,建立了巴基斯坦航天局卫星研发中心,积极促进中巴航天的合作,提高了巴航天局在卫星研制领域的实力。

尼日利亚通信卫星一号项目学员 Lawar Lasisi 已经成为尼日利亚宇航局卫星系统部的负责人、尼日利亚卫星项目重要监造人员,在后期与中国航天的合作项目中也发挥了重要作用。

从 2005 年至今,研究院的国际客户培训项目已经成为中国实施卫星交钥匙工程中的一项重要保障手段,为中国航天多个整星出口项目提供了重要支持,比如,尼星1号、委星1号、巴星1R、白俄星1号等。同时,以航天技术交流合作为牵引,进一步拓展中国航天国际市场,并横向带动国际客户在其他高科技、新能源领域的需求以及与中国合作的契机,累计创汇 3300 余万美元。

2. "中国交建集团马来东海岸铁路项目"案例研究[①]

中国交通建设股份有限公司(以下简称"中国交建")是特大型基础设施

---

① 本案例整理:清华大学沈晔。

综合服务商,主要从事交通基础设施的投资建设运营、装备制造、房地产及城市综合开发等业务,提供投资融资、咨询规划、设计建造、管理运营一揽子解决方案和一体化服务。

中国交建马来西亚东海岸铁路项目是由中国交通建设集团公司负责实施的"一带一路"沿线最大的交通基础设施项目,是中马两国之间最大的经贸项目,也是中国企业在海外实施的最大的单体工程。该项目于2017年4月正式启动,目前正在建设当中。

针对项目的难点,结合马来西亚的经济人文社会环境和风土人情,中国交建公司在合同签署期就提出了以培养当地工程师为主的项目人才发展战略,在人文交流中提倡企业社会责任的担当,致力于打造充分体现工程伦理的优质工程项目。工程运行一年多来,得到了马来西亚当地社会的赞赏,是许多马来西亚工程专业的人才的首选就业企业。

中国交建马来西亚东海岸铁路培训计划旨在5年之内(截至2022年)为马来西亚在当地培养3600名优秀的铁路建设及运营维护人才,增加当地就业机会,促进两国友好交往。为此,公司精心设计策划了"中马铁路人才培训合作计划",最大限度地投入人力、物力、财力,为马方培训培养铁路建设和运营人才,创造就业机会是积极履行社会责任和带动当地经济发展的重要体现。

中马铁路人才培训分为三个阶段:第一阶段,铁路建设;第二阶段,机械设备操作;第三阶段,运营维护。培训规划又分为两部分:第一部分为专业培训,主要针对大专本科生进行培训,培训时间为3~4个月。第二部分为技术培训,主要针对有经验的技术人员进行培训,培训时间为2~3个月。中马铁路人才五年培训计划如表5所示。

表5 中马铁路人才五年培训计划表

年份		2018年	2019年	2020年	2021年	2022年	小计
文凭	技术	560	960	560	400	400	2880
专科证书	土木	59	101	59	8	8	235
	机电	11	19	11	42	42	125
学位证书	土木	70	120	70	50	50	360
	机电						
总计		700	1200	700	500	500	3600

数据来源:中交集团。

自2017年9月25日至今,中马铁路人才培训合作计划已经完成4个班次培训,具体班次分别为专业培训两班次和技术培训两班次,为马来西亚培训当地学员共计445名(男372名、女73名),目前都已派往工程项目的工作岗位。

在人才培养过程中,课题组的研究发现之一是马来西亚工程师中的女性占比偏高现象。虽然马来西亚信奉伊斯兰教的家庭并不鼓励女性外出工作,但工程师作为马来西亚最受欢迎的职业之一,成为有机会读书且成绩较好的女性的职业首选。女性学员在人才培养前的选拔中就已经体现出优势,而她们又非常珍惜培养机会,因此学习成绩就格外优异。在调研过程中,课题组还发现女性学员占比超过5成的班级,而且该班是入学要求最高的土木专业班。但是,在调研过程中,课题组也研究发现了专业选择中的就业机会不平等,即在技能专业中,只有男性学员才能有机会参与其中,其根源即在于马来西亚两性就业机会的不平等[①]。

中交集团在走出去的同时,还主动承担了传播中国工程文化和民族文化的任务,并充分尊重当地的文化,在包容的基础上沟通,以人文交流促进工程的发展,展现了新时代中国工程领域的综合形象。总之,人才培养与人文交流是工程科技海外发展的两个重要动力,正是这两方面的推动才能使得企业的经营目标和社会目标顺利达成,为中国企业海外发展保驾护航,见图23所示。

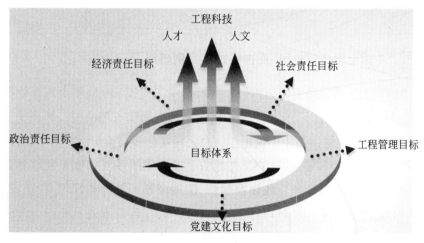

图23　中交集团-东铁模式

制图:ICEE课题组

---

① 孙永福等.一带一路:工程科技人才培养与人文交流研究[M].清华大学出版社.2020.

在人才培养过程中,中马铁路人才培训合作计划采取与当地院校合作的方式(与马来西亚财政部和本地11所大学签署培训合作备忘录),引进国内工程专业的优势大学和专家资源,以优质高端资源吸引本地人才,通过联合授课等形式加强中交集团与当地人才的交流,培养出一批当地的优秀工程师,如图24所示。

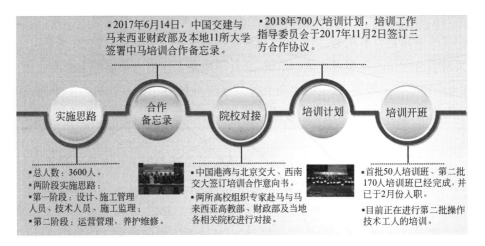

图24　中交集团项目人才培养模式

制图:ICEE 课题组

3. "中国土木工程集团'亚吉模式'"案例研究

中国土木工程集团有限公司(以下简称:中土集团)1979年由国务院批准成立,前身为铁道部援外办公室,是中国最早进入国际市场的四家外经企业之一。2003年,中土集团与中国铁道建筑总公司实施战略重组,整体并入中国铁道建筑总公司,成为中国铁建的海外龙头企业。集团涉及的业务领域涵盖工程承包、设计咨询、园区开发建设及运营、房地产开发及物业管理、投资、铁路运营、物流、工业矿业、进出口贸易、酒店旅游等,经营范围遍及亚洲、欧洲、非洲、美洲、大洋洲,在多个国家设有常驻机构和项目部。

成立几十年来,中土集团先后承担实施了坦赞铁路、尼日利亚铁路、博茨瓦纳铁路的修复改造,吉布提工商学校、卢旺达国家体育场、阿联酋城市立交桥、澳门西湾大桥、澳门边检大楼等代表工程。大量的海外建设工程,充分彰显了中土集团强大的技术优势和人力资源。

2016年，中土集团亚吉铁路正式开通，是海外第一个全产业链"中国化"的跨国电气化铁路，也是中国元素最多的海外铁路，开启了一条铁路带动一条经济带的"亚吉模式"。"亚吉模式"的含义分为两层：通过中国标准实施的项目，把投融资、建设、装备、运营在内的全产业链带出去；通过项目带动沿线经济发展，建设沿线经济带，实现国际产能合作。"亚吉模式"是由亚吉铁路引出的经济发展模式，是以建设铁路带动经济发展为案例的模式，帮助中土集团由单纯的承包商逐步实现向境外投资商、运营商和开发商的转变。海外工程项目的急速推进使中土集团的"亚吉模式"得以推广。

亚吉铁路不仅为中国及中土集团带来了积极的影响和经济效益，还为埃塞俄比亚政府带来新的项目契机，也为中国外派人员的培养工作增添了新的挑战。埃塞俄比亚政府希望借此成为"非洲的制造业中心"，中土集团积极响应，推动并承建了4个工业园区，并运营管理其中的阿瓦萨工业园区，同时致力于推动房地产项目。园区及房地产项目的建设运营需要中土集团大量的外派人员以及招聘的本地人员作为支撑。吉布提港口是"一带一路"战略的重要节点，吉布提希望成为地区物流中心，成为非洲迪拜。借此机遇，中土集团参与到吉布提新建多拉雷多功能港口的建设工作中。在投资建设方面，中土集团正在投资建设吉布提的地标性建筑——中土吉布提总部大楼。之后，老火车站地区改造、东部填海、那噶德车站站前广场等房地产开发项目也积极推动。多项目地的联合推动给中土集团的海外工作带来新的任务，也给人员培训体系增加了不少压力。

中土集团在助力"一带一路"战略发展的同时独创出"亚吉模式"，以一条铁路为切入点积极带动沿线国家经济发展，为中国企业参与"一带一路"建设、推动国际产能合作提供了有益的参考。"亚吉模式"的创立，也促使企业急需培养一批具有全球视野、专业素质、创新能力的复合型人才。

目前，"亚吉模式"尚处于起步阶段，要取得重大成功并得到有效的推广和复制到其他国家，需要一定规模的国际化人才队伍做支撑。2018年中土集团招聘公告显示，集团对国际化复合型人才有很大需求，集团的招聘涉及土建类、工程类等工程管理型人才，外语类、法律类等公共关系型人才，管理科学与工程类、金融及经济类、财会类等工程商务型人才，机械类、材料类等技术技能型人才。如何创造出培养人才的工程教育"亚吉模式"，是值得认真思考的问题。

为了更好地响应国家"一带一路"倡议,加大沿线国家的人才培养力度,中土集团与擅长公路建设的长安大学签署了尼日利亚交通部公派赴华留学生培养协议。长安大学有丰富的培养非洲学生学历教育的经验,极为重视中非教育合作。协议签订后,长安大学将按照尼日利亚交通部和中土集团的要求,培养一批熟悉中国技术标准、中国基建和交通运营管理理念的人才,助力"一带一路"人才保障机制建设。

总的来说,随着"一带一路"倡议的开展与实施,沿线国家大量实施的各种建设项目急需大批有质量、懂专业、跨文化的中外工程科技人员。在这一大背景下,我国的工程教育国际合作模式等已经发生转变。中资企业在海外建设过程中已经进行了积极的探索,开展了一系列有益的尝试,许多工科高校也进行了对接,但是相对于旺盛的人才需求,还有相当长的路要走。

第三章　国际工程教育组织治理模式研究

自第二次世界大战以来，国际组织获得了极大的发展，各种专业性的国际组织不断涌现，活跃的工程教育组织也在其中。在工程教育领域，目前重要的国际组织有政府间的世界工程组织联合会(WFEO)、国际工程教育学会联盟(IFEES)、欧洲工程教育学会(SEFI)、全球工学院院长理事会(GEDC)、美国工程教育学会(ASEE)等。这些组织彼此合作，互相促进，通过开展一系列重大活动，对工程教育在本区域和全世界的发展起到了重要的推动作用。

一、组织结构研究

(一) 世界工程组织联合会(WFEO)[①]

1968年3月4日，在联合国教育、科学及文化组织(以下简称"教科文组织")的主持下，来自世界各地的50个科学及技术协会的代表在法国巴黎举行会议，成立世界工程组织联合会(World Federation of Engineering Organizations，WFEO)，该联合会是世界上最大的工程类国际组织，在国际工程领域具有广泛影响力。

世界工程组织联合会每两年召开一次会员大会，会员大会是该联合会的最高管理机构，世界工程组织联合会会员大会由执行委员会和理事委员会组成，WFEO组织结构如图25所示。

---

① 网址：https://www.wfeo.org/.

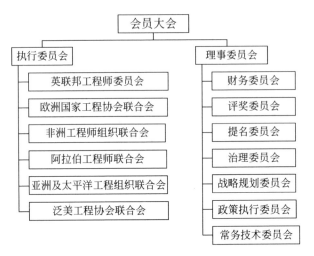

图 25 世界工程组织联合会组织结构图
制图:ICEE 课题组

执行委员会在会员大会之间每年举行一次会议,根据章程,执行委员会由英联邦工程师委员会(CEC)、欧洲国家工程协会联合会(FEANI)、非洲工程师组织联合会(FAEO)、阿拉伯工程师联合会(FAE)、亚洲及太平洋工程组织联合会(FEIAP)、泛美工程协会联合会(UPADI)组成,讨论并决定新的活动和计划,采取必要措施保证会员大会决定的政策策略能贯彻执行。

理事委员会按照职责划分为财务委员会、评奖委员会、提名委员会、治理委员会、战略规划委员会、常务技术委员会、政策执行委员会,分别负责诸如审查、执行、战略规划、提名颁奖及财务管理等事务。理事会委员会成员应有地域代表性、适当的专业知识和经验为基础。

(二) 国际工程教育学会联盟(IFEES)[①]

2006 年 10 月 9 日,在巴西里约热内卢举行的美国工程教育学会全球会议上,由来自 10 个国家的 31 个组织的代表联合发起并成立国际工程教育学会联盟(The International Federation of Engineering Education Societies , IFEES)。国际工程教育学会联盟是一个旨在通过教育、企业和其他对工程教育感兴趣的组织之间的合作,并利用成员的集体优势,改善世界范围内的工程教育,来

---

① 网址:http://www.ifees.net/.

加强全球工程教育的网络。通过成员团体的合作,综合实地调查,致力于在世界各地建立有效的高质量工程教育,通过多方合作加强会员组织、吸引企业参与,建立有效和高质量的工程教育流程,确保全球工程专业毕业生的供给。

章程规定,国际工程教育学会联盟(IFEES)的决策机构是会员大会、执行委员会和主席团会员。主席将主持会员大会、执行委员会会议和主席团会员的会议,组织结构见图26所示。

图26 国际工程教育学会联盟组织结构图

制图:ICEE课题组

执行委员会负责对IFEES的政策实施,并对IFEES的运作和管理提供全面的指导和监督,但须经会员大会批准。

执行委员会委员包括:主席;当选主席(偶数年)或前任主席(奇数年);8名其他机构会员和从大会选出的2名公司会员;秘书长,没有投票权;GEDC主席,拥有当然表决权;国际工程学术发展研究院IIDEA主任将被允许作为观察员参加执行委员会会议,但没有投票权。

执行委员会的职责包括:提出不同类别会员的年费,经会员大会批准;通过预算并确定年度行动计划的一般准则,经会员大会批准;批准财务报告,及秘书长和总部工作人员免责事宜;决定从IFEES开除会员;开展其他活动,进一步推动组织的目标。

秘书处

根据章程规定,秘书处负责IFEES的日常行政事务的运作,其秘书长由执行委员会任命,任期3年。秘书长办公室是IFEES的总部。秘书处的变更将由执行委员会酌情决定,并附有表决程序。

(三)欧洲工程教育学会(SEFI)①

欧洲工程教育学会(European Society for Engineering Education/Societe

---

① 网址:https://www.sefi.be/.

Europeenne Pour La Formation Des Ingenieurs, SEFI)于 1973 年成立,总部设在比利时布鲁塞尔,是发展和改进欧洲工程教育的非官方国际教育组织,也是欧洲最大的工程类国际组织。其成员包括高等教育机构、个人、协会和公司,共同致力于改善工程教育、增强工程专业的形象。该学会致力于工程教育界的多样性、平等性和包容性。学会不断审查其政策和实践,以履行承诺并确保其影响学会的活动和联络。

根据章程规定,负责学会总政策的决策机构是理事会,组织结构如图 27 所示。理事会包含理事长一名、副理事长两名、最多由大会选举的 21 名普通成员。理事会成员不少于 6 人。理事会 2/3 的成员必须是学会的正式会员。

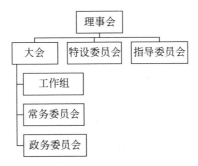

图 27 欧洲工程教育学会组织结构图

制图:ICEE 课题组

大会通过理事会提议,可以决定设立或者撤销工作组、常务委员会、行政委员会,并制定其职责和任务。理事会有权设立指导委员会,完成理事会授权的具体任务。

指导委员会应由会长、两名副会长、财务、总编辑和秘书长以及会长在理事会或学会成员中任命的最多三名其他个人组成。

(四) 全球工学院院长理事会(GEDC)[①]

在国际工程教育学会联盟的大力支持下,全球工学院院长理事会(the Global Engineering Deans Council, GEDC)于 2008 年 5 月 9 日在法国巴黎成立,现总部和秘书处设在美国。目前,已有 30 多个国家的知名大学工学院领导人及工业界领袖加入,主要包括高等教育工程学院院长、工程领域研究机构负责

---

① 网址:http://www.gedcouncil.org/about-gedc.

人、工程领域产业领导人等。

根据章程规定,全球工程学院院长理事会是国际工程教育学会联盟(IFEES)的附属机构。在 IFEES 的领导下,全球工学院院长理事会每年举行一次全会。执行委员会作为全球工学院院长理事会的执行机构,负责履行和开展所有职责与活动,下设行政秘书处。从 2008 年 5 月 8 日在巴黎举行的全球工学院院长理事会成立大会开始,全球工学院院长理事会秘书处每 5 年接受一次评估。秘书处的变更由执行委员会按照条款程序自行处理,组织结构如图 28 所示。

图 28　全球工程学院院长理事会组织结构图

制图:ICEE 课题组

(五) 美国工程教育协会(ASEE)[①]

1893 年,美国工程教育促进会成立,时值美国高等教育的高速发展时期。随着第二次世界大战的爆发,美国联邦政府开始更加重视研究,于 1946 年将美国工程教育促进会改组为美国工程教育协会(American Society For Engineering Education, ASEE),根据工程需要成立各个分会,负责工程教育的各个领域,逐渐完善 ASEE 的组织结构与功能。ASEE 的使命旨在于促进创新、卓越和工程专业教育各个方面的获取。ASEE 作为工程教育信息的交流中心和塑造该领域未来的重要工具,其成员数量和知名度都有所上升。随着高等工程教育体系的成熟和发展,ASEE 的影响力也不断扩大,已成为该领域的权威机构。

---

① 网址:https://www.asee.org/.

章程规定,理事会是美国工程教育协会(ASEE)的最高权力机构,主要负责决策的制定,由以下官员组成:主席、候任主席、上届主席、财务副主席、各专业利益理事会的主席、各机构理事会的主席、各地区理事会的主席、会员事务副主席、外部关系副主席和执行理事。全球工程学院院长理事会组织结构图如图29所示。理事会有义务、有责任按照章程开展美国工程教育协会的事务。

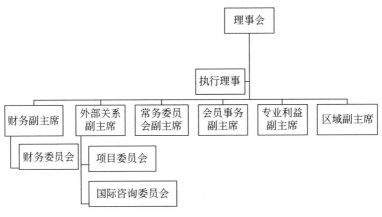

图29　全球工程学院院长理事会组织结构图

制图:ICEE 课题组

执行委员会负责处理理事会会议和理事会委派给的必要事务。由以下官员组成:主席、候任主席、上届主席、财务副主席、会员事务副主席、外部关系副主席、专业利益理事会副主席、机构理事会副主席、执行理事。

(六) 组织结构小结

通过梳理以上世界工程教育组织的组织结构,可以发现他们的组织结构较为紧密,有独立的决策机构和执法机构,具有综合性或专门性权能。但相比较而言,目前所列的国际工程教育组织在其组织结构上也存在不同的特点,大致呈现出2种治理模式,即会员大会模式和理事会模式。详见表6国际工程教育组织机构模式比较。

会员大会模式

世界工程组织联合会(WFEO)和国际工程教育学会联盟(IFEES)的治理模式具有典型特征,即组织的决策机构是会员大会。

世界工程组织联合会(WFEO)的会员大会是由理事委员会和执行委员会组成,成为WFEO的决策机构。理事委员会按照联合会内部职责,具体分为若干委员会分别负责诸如审查、执行、战略规划、提名颁奖及财务管理等事务。执行委员会的六个国际组织各自任命其在执行委员会的代表:英联邦工程师委员会(CEC)、欧洲国家工程协会联合会(FEANI)、非洲工程师组织联合会(FAEO)、阿拉伯工程师联合会(FAE)、亚洲及太平洋工程组织联合会(FEIAP)、泛美工程协会联合会(UPADI)。

国际工程教育学会联盟(IFEES)的决策机构为会员大会、执行委员会和主席团会员。执行委员会负责对IFEES的政策实施,并对IFEES的运作和管理提供全面的指导和监督,但须经会员大会批准。

理事会模式

欧洲工程教育学会(SEFI)、全球工学院院长理事会(GEDC)和美国工程教育协会(ASEE)属于理事会治理模式。大部分组织都采用这种模式,其主要职责是要确保本组织的活动,在实现组织本身及其成员和社会的最大利益条件下,得到贯彻与执行。国际工程教育组织通过不断地发展与改革,建立一套理事会治理体系,可以监督组织的活动与政策执行,从而为成员和社会带来益处。

欧洲工程教育学会(SEFI)的决策机构是理事会。大会通过理事会提议,可以决定设立或者撤销工作组、常务委员会、政务委员会,并制定其职责和任务。理事会有权设立特设委员会和指导委员会,完成理事会授权的具体任务。

表6 国际工程教育组织机构模式比较

组织名称	成立时间	治理模式
世界工程组织联合会(WFEO)	1968年	会员大会
国际工程教育学会联盟(IFEES)	2006年	会员大会
欧洲工程教育学会(SEFI)	1973年	理事会
全球工学院院长理事会(GEDC)	2008年	理事会
美国工程教育协会(ASEE)	1946年	理事会

全球工学院院长理事会(GEDC)是国际工程教育学会联盟(IFEES)的附

属机构。执行委员会作为全球工学院院长理事会的执行机构,负责履行和开展所有职责与活动,下设行政秘书处。

理事会是美国工程教育协会(ASEE)的最高权力机构,主要负责决策的制定,由以下官员组成:主席、候任主席、上届主席、财务副主席、各专业利益理事会的主席、各机构理事会的主席、各地区理事会的主席、会员事务副主席、外部关系副主席和执行理事。

二、选举规则与申办程序

(一) 世界工程组织联合会(WFEO)

根据章程规定,会员大会每两年举行一次(奇数年),举办时间范围为9—11月。执行委员会在每次会员大会之间每年举行一次。理事会在执行委员会会议之间举行会议,并可以应主席或至少3名有表决权的理事会成员的要求,以电话会议形式召开会议。

高级官员及执行理事会成员的选举

国家成员有资格提名理事会和执行委员会选举候选人。候选人必须是正式授权的国家成员代表。所有提名必须得到至少两名其他国家成员的支持。提名和支持提名的国家成员必须具有良好的信誉。提名应包括拟提名的成员代表的同意、候选人的资格和经验,特别是他们对成员组织、国际工程组织和世界工程组织联合会的服务。任何被提名为执行理事会成员的人应至少参加过一次会员大会。任何被提名为当选主席或执行副主席的人应至少担任一届执行委员会成员。担任委员会主席的候选人必须辞去其他职务。所列6个国际成员应在执行理事会中任命自己的代表。代表必须由国际成员正式授权。个人可以被提名担任多个空缺职位。但是,一个人只能就任理事会的一个职位。一旦被选入某一职位,任职该职位期间,将不会被考虑担任其他职位。

获提名候选人的批准

提名委员会将监督选举过程应:审查所有提名,确认所有候选人都有资格参加选举,并在截止日期前提交了相关文件;向执行委员会、理事会和大会报告其对选举提名过程的监督情况;在提名候选人及其选举过程中,确保透明度和遵守议事规则;在审查每一位候选人的文件、确认其准确性和完整性以及确保适当的选举时,进行尽职调查;如有必要,就正当程序问题向主席和/或执行委员会提出质询。

(二) 国际工程教育学会联盟(IFEES)

执行委员会委员选举

根据章程规定,各会员组织将选出一人代表该组织参加会员大会,每个会员组织有一个投票权。执行委员会每年至少召开一次会议,或应至少4名执行委员会会员的要求召集。

提名过程和选举程序将在执行委员会通过的规则中予以界定,通常由最近的前任主席主持。提名委员会将由执行委员会在提名选举大会召开的6个月之前任命。

会员大会在年会上选举执行委员会委员,这些候选会员须经提名委员会筛选。1/2的执行委员会会员每年轮流选举。每位执行委员会委员任期两年,最多可连任两届。

在偶数年期间,会员大会从提名委员会在年会上筛选的候选人中选出当选主席。当选主席在随后的奇数年的会员大会年会结束时,就任主席职务。任期结束时,成为前任主席。

在执行委员会每年选举结束后的第一次会议上,主席将从其会员中提名若干名副主席。这一提名应由执行委员会确认。但是,如果执行委员会不赞成,主席和执行委员会协商确定副主席。第一副主席将担任司库。

高管人员的选举

IFEES将由主席、当选主席或前任主席、4名副主席和秘书长(不表决)组成。如果主席不能履行任职条件,第一副主席将担任代理主席。如果该人不能服务,代理主席由执行委员从其会员中选出。如果当选主席不能担任这一职务,执行委员会将要求特别选举主席。

高管人员的服务期限是选举至新任主席当选的时间,高管人员负责制定所有IFEES相关会议的议程,以及有效运作IFEES所需的其他活动。高管人员对执行委员会的活动负责。

秘书长将由执行委员会任命,任期3年,除非秘书长以全体执行委员会2/3的表决方式予以解聘;秘书长可以不经通知地辞职。秘书长可以连任额外任期。

(三)欧洲工程教育学会(SEFI)

理事会成员

学会成员受邀在本年度第一次会议前向理事会提交其候选人资格(简历和邀请函)。理事会选举候选人必须经至少3名其他学会成员批准。代表机构成员的候选人必须得到3份背书中至少两名机构成员的支持。一个成员不能支持两个以上的候选人。经理事会批准的候选人资格将与大会邀请一起发送给学会所有成员。每年理事会成员更新1/3,由理事会选举产生,任期3年。成员在任期届满前离任,可在其他成员中选举。理事连续连任两届后,不能再连任。

大会成员

主席候选人必须是学会成员。每奇数年,大会在经理事会批准的候选人中选举1名主席,任期两年,可连任一次。副主席必须是学会成员。每年,大会应在经理事会批准的候选人中选举一名副主席。副主席的任期为两年,可连任一次。财务主管必须是学会成员。每3年,大会应在经理事会批准的候选人中选举一名财务主管。财务主管可再当选一次,即连任。常设秘书处秘书长由理事会任命。

工作组/常务委员会/政务委员会成员

设立工作组、常务委员会、政务委员会的一般原则:工作组和常务委员会应向所有希望在其目标框架内参与活动的成员开放。政务委员会对所有符合政务委员会设立时、大会批准的或经修正的,具备要求条件的学会成员开放。各工作组、常务委员会的主任由委员提名,理事会通过,并向理事会报告本学会或本委员会的活动。政务委员会主席应由政务委员会成员中的理事会提名,他/她应向理事会报告其主持的政务委员会活动,政务委员会主席受邀作为观察员出席理事会会议。

指导委员会

理事会有权设立指导委员会,完成理事会通过表决的任务。指导委员会成员由会长、两名副会长、财务、总编辑和秘书长以及会长在理事会或协会成员中任命的最多3名其他个人组成。

特设委员会("特别工作组")

理事会设立或者撤销专门委员会,各专门委员会的主席由理事会任命,秘书长代表理事会协调各委员会的活动。财务主管监督其财务。

（四）全球工学院院长理事会（GEDC）

GEDC 执行委员会包括一名主席、一名当选主席、一名秘书/司库、前任主席和 18 名委员（代表不同区域），执行秘书长为无表决权委员。理事会高管由主席、秘书/司库、当选主席、前任主席、执行秘书长（无表决权）组成。GEDC 执行委员会主席确定并任命提名委员会委员。提名委员会委员应由 3 名指定会员加上前任主席组成。提名委员会每年从 GEDC 会员中征集姓名，并将其列入执行委员会选举名单。主席和秘书/司库选举，每个职位至少要有两名候选人。候选人获得全体会员选票 50% 以上，方能当选。GEDC 会员选出一名当选主席、一名秘书/司库，以及执行委员会全体委员。当选主席任期一年，他任主席任期两年，然后担任前任主席一年。前任主席没有资格立即提名当选主席。秘书/司库任期为一年，可连任两届。委员任期三年，每年更换 1/3 委员。高管或执行委员会委员的提名资格和投票资格，应符合 GEDC 操作指南的规定。选举在 GEDC 财政年度的 7 月 1 日前以电子投票方式进行。GEDC 财政年度从 10 月 1 日开始。如主席职位出现空缺，当选主席应接替主席职位，并在下一届年选举前、两年任期内任职。如果当选主席或秘书/司库的职位出现空缺，GEDC 执行委员会从最近一次选举中提名的候选人中，选出新的当选主席或秘书/司库。如果该人无法任职或 GEDC 执行委员会无法就合适的候选人达成一致意见，则在下一次年度选举期间，由 GEDC 会员投票选出新的主席或秘书/司库。委员空缺时，在下一届年度选举中由 GEDC 会员投票递补，最短任期委员空缺时，将由获得较少选票的候选人填补。在主席缺席情况下，当选主席或最近的前任主席应担当执行委员会或其他 GEDC 会议的职责，或担任大会主席。GEDC 执行委员会主席是 IFEES 执行委员会的当然（有投票权）成员，并代表 GEDC 参加 IFEES 执行委员会。IFEES 的主席、当选主席和秘书长应为 GEDC 执行委员会的当然（无表决权）成员。任何不再是 GEDC 会员的，不再担任执行委员会委员。

（五）美国工程教育协会（ASEE）

ASEE 设立提名委员会，由按照美国工程教育协会章程选出的各委员会一名代表和两名美国工程教育协会前任主席组成。ASEE前任主席在任期间的年长者担任提名委员会主席。本协会提名委员会成员在委员会两年的任期内,不得获提名委员会提名竞选公职。成员在紧接提名年度前的年会开始时,即为开始在提名委员会任职。

ASEE提名委员会每年应提名一位或多位候任主席的候选人。在预定年份,提名委员会将提名各相关职业兴趣委员会的一位或多位候选人;每一奇数年将提名一位或多位会员事务副主席,供每一偶数年进行选举;每一偶数年将提名一位或多位外部关系副主席、财务副主席候选人,供每一奇数年进行选举。

工程技术委员会主席、工程研究委员会主席、一区和三区分部委员会候任主席应在偶数年选任;工学院院长委员会主席、企业会员委员会主席、二区和四区分部委员会候任主席应在奇数年选任;第一、第二、第三、第四专业利益委员会主席应在这些职位的上届任期届满时的预定年份选任。

所有提名名单应在选举前一年的9月1日之前提交给执行理事。执行理事应促使提名名单于11月公布于美国工程教育协会的官方杂志上,或者在11月30日之前寄给每一位个人会员。由不少于两百(200)位委员申请,可提出合格候选人的额外提名名单。在其名字被写入选票之前,所提议的被提名人必须表明任职意愿。该等申请和任职同意书必须在1月1日之前提交给执行董事。选票应在每年3月1日之前提交给本协会的每一位个人会员或机构会员代表,3月31日之前返给执行董事的选票应通过4月1日对官员选举的简单多数投票。

(六) 选举规则与申办程序小结

国际工程教育组织通过不断扩大内部会员的数量与范围,来加强成员团体的合作与交流,致力于在世界各地建立有效的高质量工程教育。同时,国际工程教育组织也在积极适应世界变化,为了提高组织的治理水平,使其始终保持包容、透明、可信,能够在国际工程教育界占据话语权和影响力,定期开展全员参与的选举模式,积极推动全球工程教育的发展。国际工程教育组织选举规则比较见表7。

表7　国际工程教育组织选举规则比较

组织名称	成员类型	选举规则
世界工程组织联合会（WFEO）	国家会员/国际会员/机构组织	候选人必须是正式授权的国家成员代表。得到至少两名其他国家成员的支持。具有良好的信誉。提名应包括拟提名的成员代表的同意、候选人的资格和经验。任何被提名为执行理事会成员的人应至少参加过一次会员大会。任何被提名为当选主席或执行副主席的人应至少担任一届执行委员会成员。所有八个国际成员应在执行理事会中任命自己的代表。个人可以被提名担任多个空缺职位
国际工程教育学会联盟（IFEES）	机构会员，拥有五类会员	各会员组织将选出一人代表该组织参加会员大会，每个会员组织有一个投票权。会员大会在年会上选举执行委员会委员，1/2的执行委员会会员每年轮流选举。每位执行委员会委员任期两年，最多可连任两届。在偶数年期间，会员大会从提名委员会在年会上筛选的候选人中选出当选主席。在执行委员会每年选举结束后的第一次会议上，主席将从其会员中提名副主席。秘书长将由执行委员会任命，任期3年
欧洲工程教育学会（SEFI）	高等教育机构、个人、协会与企业	（1）理事会成员 学会成员受邀在本年度第一次会议前向理事会提交其候选人资格。理事会选举候选人必须经至少3名其他学会成员批准。代表机构成员的候选人必须得到三份背书中至少两名机构成员的支持。每年理事会成员更新1/3，由理事会选举产生，任期3年。成员在任期届满前离任，可在其他成员中选举。理事连续连任两届后，不能再连任 （2）大会成员 主席候选人必须是学会成员。每奇数年，大会在经理事会批准的候选人中选举一名主席，任期两年，可连任一次。副主席必须是学会成员。每年，大会应在经理事会批准的候选人中选举一名副主席。副主席的任期为两年，可连任一次。财务主管必须是学会成员。每3年，大会应在经理事会批准的候选人中选举一名财务主管。财务主管可再当选1次，即连任。常设秘书处秘书长由理事会任命

续表

组织名称	成员类型	选举规则
全球工学院院长理事会（GEDC）	全球高等教育工学院院长、工程领域研究机构负责人、工程产业领导	GEDC 执行委员会包括一名主席、一名当选主席、一名秘书/司库、前任主席和 18 名委员（代表不同区域），执行秘书长为无表决权委员。理事会高管由主席、秘书/司库、当选主席、前任主席、执行秘书长（无表决权）组成。GEDC 执行委员会主席确定并任命提名委员会委员，提名委员会委员应由 3 名指定会员加上前任主席组成。提名委员每年从 GEDC 会员中征集姓名，并将其列入执行委员会选举名单。主席和秘书/司库选举，每个职位至少要有两名候选人。候选人获得全体会员选票 50% 以上，方能当选。GEDC 会员选出 1 名当选主席、1 名秘书/司库，以及执行委员会全体委员。当选主席任期 1 年，继任主席任期两年，然后担任前任主席 1 年。前任主席没有资格立即提名当选主席。秘书/司库任期为 1 年，可连任两届。委员任期 3 年，每年更换 1/3 委员。高管或执行委员会委员的提名资格和投票资格，应符合 GEDC 操作指南的规定。选举在 GEDC 财政年度的 7 月 1 日前以电子投票方式进行。GEDC 财政年度从 10 月 1 日开始
美国工程教育协会（ASEE）	个人会员、机构会员，以及政府机构和专业协会	(1) ASEE 设立提名委员会，由按照美国工程教育协会章程选出的各委员会 1 名代表和 2 名美国工程教育协会前任主席组成 (2) ASEE 提名委员会每年应提名 1 名或多名候任主席的候选人。在预定年份，提名委员会将提名各相关职业兴趣委员会的 1 名或多名候选人；每一奇数年将提名 1 名或多名会员事务副主席，供每一偶数年进行选举；每一偶数年将提名 1 名或多名外部关系副主席、财务副主席候选人，供每一奇数年进行选举 (3) 工程技术委员会主席、工程研究委员会主席、一区和三区分部委员会候任主席应在偶数年选任；工学院院长委员会主席、企业会员委员会主席、二区和四区分部委员会候任主席应在奇数年选任；第一、第二、第三、第四专业利益委员会主席应在这些职位的上届任期届满时的预定年份选任 (4) 所有提名名单应在选举前一年的 9 月 1 日之前提交给执行理事。执行理事应促使提名名单于 11 月公布于美国工程教育协会的官方杂志上，或者在 11 月 30 日之前寄给每一名个人会员。由不少于两百（200）位委员申请，可提出合格候选人的额外提名名单。在其名字被写入选票之前，所提议的被提名人必须表明任职意愿。该等申请和任职同意书必须在 1 月 1 日之前提交给执行董事。选票应在每年 3 月 1 日之前提交给本协会的每一名个人会员或机构会员代表，3 月 31 日之前返给执行董事的选票应通过 4 月 1 日对官员选举的简单多数投票

三、国际工程教育组织的互动合作机制

随着工程科技的快速发展,工程及工程教育的重要性在世界各个国家及地区日益重要。国际社会中出现了众多与工程教育相关的各种组织与机构,各种国际工程教育组织之间的"互动关系"对国际工程及工程教育的发展起到了积极作用。

随着工程科技的快速发展,工程及工程教育的重要性在世界各个国家及地区日益重要。国际社会中出现了众多与工程教育相关的各种组织与机构,各种国际工程教育组织之间的"互动关系"对国际工程及工程教育的发展起到了积极作用。

(一)积极开展与各国及国际专业机构的合作

作为世界上最重要的工程类国际组织,世界工程组织联合会(WFEO)在国际工程领域具有广泛影响力。WFEO 设国家会员、地区会员、联系会员;另外还有一些非正式团体和个人会员。成员覆盖 93 个国家和地区,并附属有 11 个相关领域的国际组织。WFEO 下设若干个专业委员会,各专业委员会为推动 WFEO 各项工作的核心机构,独立开展学术活动。

根据 WFEO 既定规则,每个专委会由一个会员国承办,每届承办期为 4 年,最多承办两届共 8 年。中国科协于 1981 年代表我国正式加入 WFEO,成为其国家会员,先后推荐优秀的科学家当选 WFEO 副主席或执委。南开大学校长龚克教授经中国科协推荐,以候任主席身份成为 WFEO 执行理事会核心成员之一,并于 2019 年正式履行主席职责,这是 WFEO 成立 51 年以来中国科学家首次当选主席。

国际工程教育学会联盟(IFEES)旨在通过加强工程学术组织、互相学习,分享最佳实践经验和共同应对挑战,提升工程教育质量以应对实际的社会需求。IFEES 实行机构会员制,目前有 40 多个国家的 50 多个机构参加,包括美国工程教育学会(ASEE)、欧洲工程教育学会(SEFI)、中国工程教育学会("中国高等教育学会工程教育专业委员会")、美国工程与技术认证协会(ABET)、非洲工程教育学会(AEEA)等 44 个机构会员,以及空中客车、西门子等 8 个企业合作伙伴。

为表彰工程教育专业人士在促进世界工程教育国际学术交流与合作方面

做出的重要贡献,由 IFEES 推出的联盟杰出贡献奖(IFEES Award)设立于 2010 年,每年评选一次。经会员单位提名推荐,评审委员会差额遴选产生,颁发给全球工程教育领域杰出的专家学者。2012 年 10 月,世界工程教育论坛(WEEF2012)在阿根廷首都布宜诺斯艾利斯举行。清华大学原副校长、清华大学工程教育中心学术委员会主任余寿文教授获国际工程教育学会联盟(IFEES)"全球杰出工程教育奖"。

(二) 积极组织和参与国际性工程教育活动

2015 年 9 月 25 日,在联合国可持续发展峰会上,联合国 193 个成员国正式通过了 17 项可持续发展目标(Sustainable Development Goals,SDGs),旨在从 2015 年到 2030 年间以综合方式彻底解决社会、经济和环境三个维度的发展问题,使得全社会转向可持续发展道路。

世界工程教育论坛(World Engineering Education Forum, WEEF)一直是促进国际工程教育学会联盟(IFEES)使命的一项重要活动,目的是将全球社会聚集在一起,打造卓越的工程教育。WEEF 自 2010 年每年举办一次,举办地点每年都在变化,这一活动为当地的机构带来了巨大的知名度,加强了各国国际工程教育组织之间的互动与合作。2019 年 11 月 13—16 日,由印度主办,将第九届世界工程教育论坛(WEEF)和第十五届全球学生论坛(GSF)融合,召开国际工程教育学会联合峰会(WEEF-GSF 2019)[①]。大会汇聚了众多利益攸关方,包括工程教育工作者、领导者、学生、业界、政府组织、非政府组织等,共同学习、分享、建立富有成效的长期合作关系。会议的主题是可持续发展的颠覆性工程教育。

世界工程组织联合会(WFEO)围绕联合国 17 项可持续发展目标开展了紧密的活动,积极与 SDGs 开展"互动关系"。由 WFEO 和联合国教科文组织(UNESCO)共同发起并主办的世界工程师大会每 4 年举办一次,2019 年世界工程师大会(WEC)[②]将于 2019 年 11 月 18—22 日在澳大利亚墨尔本举行。2019 年世界工程师大会的主题是建设一个可持续发展的世界:未来 100 年(Engineering a Sustainable World: The Next 100 Years)。大会包括 6 个主题,每一个主题都符合 17 个联合国可持续发展目标中的若干目标。

---

① https://www.weef2019.org/.
② https://www.wfeo.org/event/world-engineers-convention-2019-wec-2019/.

(三) 积极促进区域性工程教育发展

进入21世纪,在线教育为人类提供了一种全新的知识传播模式和学习方式。作为"互联网+教育"的产物,新近涌现出来的一种在线课程开发模式——MOOC(massive open online courses),即大规模开放在线课程,成为开展跨时空、跨区域教育的优良工具,为推动不同区域间的工程教育发展创造了新的可能。

以巴基斯坦为例,政府希望通过实施信息和通信技术(ICT)来加强高等教育建设,MOOC正是其关注点。为了与当地政府高等教育改革战略保持一致,巴基斯坦拉合尔工程技术大学(University of Engineering & Technology,Lahore)表达了对在线课程的强烈意愿。为此,联合国教科文组织高等教育创新中心(ICHEI)协助巴基斯坦拉合尔工程技术大学与中国大学、MOOC平台和企业建立更紧密的合作关系,提供在线课程扩大当地教育受众,提升高等教育质量,增强学习者竞争力。在理想情况下将实现在线学位教育从机构到国家层面的转变,同时也为联合学位或认证以及实习交流提供可能性,进而促进区域性工程教育的发展。[①]

(四) 数字技术的发展创造性地推动工程教育活动

数字技术对于当今时代发展至关重要。同时,数字技术也是联合国可持续发展目标4(SDG4)的一个关键组成部分。SDG4要求各国跟踪至少达到最低数字技术水平的青年和成人的百分比,以提高青年的教育和成年人工作方面具有相关技术和职业技能的比例。

测量数字技能需要建立国际统一标准。联合国教科文组织数据统计所(UIS)根据全球监测学习联盟(GAML)制定了教科文组织数字扫盲全球框架,进行了一次绘图工作,向各国展示如何将现有的数据收集工具联系起来并用于国际可比性研究,并提出相关建议[②]。这对数字技术的测量标准有推动意义,以便获得可比信息和基准数据,进而指导数字技术在工程教育及相关领域的应用。

---

① 联合国教科文组织高等教育创新中心(中国深圳). 从智慧教室到慕课平台:巴基斯坦拉合尔工程技术大学和创新中心合作为该地区大众提供优质在线教育.

② http://uis.unesco.org/en/news/tools-help-countries-measure-digital-literacy.

由以上分析可见,国际工程教育组织通过不同区域、不同层次的互动合作,进行各层次合作联动,积极参与国际性、区域性以及各种类型的专题活动,加强组织间互动合作的联动性,既极大地加强了国际工程教育的全球影响力,同时也更加有效地加强了对全球性问题的应对。

综上所述,对于国际工程教育组织而言,基于自身治理模式,积极、主动、创造性地参与本地及世界工程教育的治理,是各个组织最本质的特征和最重要的功能;通过加强不同组织间的联动、互动作用,国际工程教育组织不但积极发挥自身的优势与专长,同时也促进了国际工程教育组织的健康与可持续发展。此外,各个工程教育组织对联合国 2030 年可持续发展目标的认同与重视,也是彼此间密切合作的重要基础与纽带。

第四章　国际工程教育组织战略规划分析

一、愿景与使命

(一) 世界工程组织联合会(WFEO)

1. 组织愿景

世界工程组织联合会是国际公认的工程专业领导者,并与国家和其他国际专业机构合作,成为开发和应用工程建设性地解决国际和国家问题、造福人类的领先专业组织。WFEO鼓励其所有国家和国际成员提出具有前瞻性和可行性的方案,为建立一个可持续、公平、和平的世界做出贡献;就公众或业界关注的事项,向工程专业人士提供资讯及指导;服务社会,在有关工程、技术、人类和自然环境有关的政策等相关事项方面,提供咨询和指导;为世界提供工程方面的资料,并促进其成员国之间的交流;应用技术,促进世界各国之间的和平、社会经济安全及可持续发展;通过增加工程方面交流,促进政府、企业和相关组织之间的关系。

2. 组织使命

世界工程组织联合会作为国际工程领域的专业代表,提供该专业的集体智慧和指导,协助国家机构选择合适的政策抉择,解决影响世界各国的关键性问题;向世界各国提供有关工程的资料,并促进其成员国之间就世界上主要工程活动的最佳方案进行交流;应用技术,促进世界各国之间的和平、社会经济安全及可持续发展;服务社会,在有关工程、技术、人类和自然环境有关的政策等相关事项方面,提供咨询和指导;与开发银行等融资机构合作,鼓励包括工程范畴在内的公营部门与私营机构合作;解决公共政策问题。

(二) 国际工程教育学会联盟(IFEES)

1. 组织愿景

国际工程教育学会联盟作为变革推动者,致力于实现全球工程教育的相关性、卓越性、公平性、可及性和多样性。

2. 组织使命

国际工程教育学会联盟通过组织交流、共享资源,发挥成员之间利益优势,推动和倡导全球工程教育发展和工程师交流;鼓励成员团体之间展开合作交流,综合实地调查,致力于在世界各地建立有效的高质量工程教育模式;开展多方合作加强会员组织管理,吸引企业参与,致力于建立高效、高质量的工程教育体系,以确保全球工程专业毕业生的供应。

(三) 欧洲工程教育学会(SEFI)

1. 组织目标

欧洲工程教育学会致力于实现工程教育界的多元化、平等性和包容性,并不断践行相关政策、付诸实践,履行这一承诺。

2. 组织使命

欧洲工程教育学会致力于激发创造力,提升专业素质,鼓励在实际学习和工作中实践;承担责任、履行使命,实现目标,为欧洲的高等工程教育服务;与世界各地的不同地区合作,尊重文化多样性和差异性,在特定的社会和经济环境、不同的教育环境,采用不同的思维和沟通方式。对个人、机构、组织和政府层面,对所有高等工程教育利益相关者具有包容性;秉承开放、合作的态度,可持续地利用技术成就和现有环境,高效促进经济、人力资源等领域工作的开展,造福子孙后代。

（四）全球工学院院长理事会（GEDC）

1. 组织目标

全球工学院院长理事会在主持工程项目过程中，为信息交流、经验探讨、实践交流提供一个全世界范围的平台；为工学院提供在课程开发和创新、彼此合作以及与企业和其他相关组织交流的可行方案，建立相关网络，支持工学院在区域政策、全国政策和国际政策的制定过程中扮演领导者角色；积极参与全球工程教育质量标准的制定与维护。

2. 组织使命

全球工学院院长理事会为全球的工学院搭建网络交流平台，促进工程教育和工程研究的发展，让工程教育服务于全球。

（五）美国工程教育协会（ASEE）

1. 组织目标

创新——将推动工程教育创新方法和解决方案的发展。

卓越——将在不断提高会员体验的同时，推动工程教育各方面的卓越。

获取——将倡导所有人平等获得工程教育的机会。

倡导——将成为促进工程教育广泛利益的主要倡导者。

社区——将培育一个包容的社区，让所有成员参与其中，并重视所有利益相关者的贡献。

沟通——将实施稳健和透明的沟通策略，有效地联系所有利益相关者。

包容——将通过其政策和实践为公平和包容性建模，从广义上促进多样性。

参与——将是一个具有战略和活力的组织，拥有知识渊博和反应迅速的员工，从而提高利益相关者的参与度。

稳定——必须谨慎地平衡在活动和项目上的投资机会，以满足未来的需求和我们当前的责任，开发和保持一个强大的资金储备，并确保支出符合组织的使命。

2. 组织使命

美国工程教育协会的使命旨在促进创新、卓越和工程专业教育各个方面的获取。ASEE 作为工程教育信息的交流中心和塑造该领域未来的重要工具,其成员数量和知名度都有所上升。并且随着高等工程教育体系的成熟和发展,ASEE 的影响力也不断扩大,已然成为该领域的权威机构。

二、目标与重点任务

(一) 世界工程组织联合会(WFEO)

1. 目标规划

世界工程组织联合会是工程领域最重要的机构,代表近 100 个国家和 3000 万工程师,体现工程领域的国际水平。联合国的可持续发展目标(Sustainable Development Goals,SDGs)得到世界各组织的认可,在世界社会经济安全、环境建设等方面引起了深刻影响。为此,世界工程组织联合会采取综合发展,结合经济发展、社会包容性和环境可持续发展的多重考量,制定出通过工程促进可持续发展目标的总体战略目标。基于组织愿景的词云分析如图 30 所示。

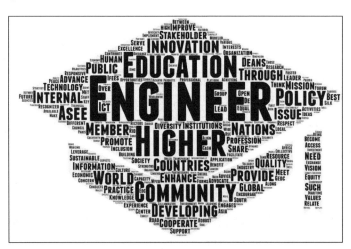

图 30 基于组织愿景和使命的词云分析

制图:ICEE 课题组

2. 重点任务

通过工程促进可持续发展目标这一战略目标的实现离不开多方长期的努力,具体如下:

（1）工程师队伍建设

世界银行报告指出，基础设施对生产力的发展、生产量的增加，以及经济创新能力有着重大积极影响。强大的工程师队伍，对国家的 GDP 增长有显著推动作用。影响工程项目成果及其对工程项目的贡献，不仅仅是工程师数量的增加，重要的是有优质的工程师团体和强大的专业技能。为此，一个国家拥有自己的工程人力资本资源至关重要，他们可以根据国际标准设计建造和维护重要基础设施，为经济带来最大利益。

另外，随着第四次工业革命的到来，智能城市的建设需要绿色基础设施，以及亚洲、非洲、拉丁美洲等欠发达国家对基础设施建设的需求，更需要世界范围内工程师队伍的增强和建设。

（2）WFEO 联合项目

制定科学的政策和指导框架，推进联合国可持续发展目标的实现，支持和促进 WFEO 国家和国际成员的工作，帮助教育机构达到工程教育所要求的标准。

联合国际组织协同发展，提升工程师的能力，例如，亚洲及太平洋工程机构联合会（FEIAP），国际工程教育学会联合会（IFEES）等都是 WFEO 的合作伙伴。此外，通过国际合作，扩大工程教育的多边认可和工程师的专业联盟（IEA）发展。

提升工程师在整个职业生涯中的成长和发展，支持专业培训，例如国际咨询组织联合会（FIDIC）。

解决工程队伍建设多样性问题。通过 WFEO 工程女性常设技术委员会，女工程师和科学家（INWES）的发展，制定国际合作战略框架，鼓励女性工程师队伍的建设。

联合反腐。WFEO 设立反腐委员会，解决工程中的反腐问题，与英国全球基础设施反腐败中心和世界司法项目开展合作。

利用技术支持工程教育。工程教育计划由联合国教科文组织第 2 类中心开发，例如，清华大学国际工程教育中心（ICEE）。

（3）WFEO 多方合作的其他项目

工程教育标准的制定和审查。

工程教育系统的能力建设，认证和注册。

世界土木工程师理事会：水利专利。

西班牙和葡萄牙：水资源合作伙伴关系。

全球网络学院建设。

降低灾害风险的创新技术:国际子午线项目。

小岛屿发展中国家的基础设施建设可持续和抵抗自然灾害能力。

抵御自然灾害的能力建设:秘鲁皮乌拉河预警系统。

治理:反腐败和反腐败的伙伴关系建设。

气候变化、世界工程日、可持续发展。

(4) WFEO 各委员会正在开展的其他项目

WFEO 灾害风险管理委员会:地震和水相关自然灾害的能力建设和工程信息的在线数据库。

WFEO 工程教育委员会:关于工程教育会议和 IDEAS 期刊出版专著。

WFEO 信息和通信委员会:关于智能城市和物联网技术实施的国际研讨会和出版关于卫生保健和工业 4.0 技术中信息技术实施的专著。

WFEO 能源委员会:国际世界能源论坛和出台太阳能促进能源新技术的实施方案。

WFEO 工程能力建设委员会:促进工程能力建设,重点是发展非洲的工程能力。

WFEO 工程与环境委员会:工程师可持续发展与环境管理实务守则、气候变化原则,参加联合国会议缔约方(COP)关于减缓和适应气候变化的工程方法的活动。

WFEO 创新技术工程委员会:国际人工智能会议和研讨会,创新技术的使用,机器人技术和云计算。

WFEO 工程妇女委员会:关于非洲女工程师状况的调查,以及改善非洲妇女卫生条件的工作。

WFEO 反腐败委员会:对国际标准化组织(ISO)37001 反贿赂标准的贡献,持续参与 ISO 技术委员会和培训材料的开发。

WFEO 青年工程师/未来领导委员会:支持年轻工程师发挥可持续发展的作用,包括 2018 年举办的首届青年工程师大赛。

(二) 国际工程教育学会联盟(IFEES)

1. 目标规划

国际工程教育学会联盟为其成员提供一个资源共享的论坛;建设讨论区

域,推进工程教育相关问题的解决;定义新兴工程师、把握发展概况;倡导为政策制定、行业资源交流提供可行方案。

2. 重点任务

增加、健全 IFEES 会员的相关资格;增加与志同道合的组织的合作机会;支持学生、教师和合作伙伴(机构和行业)的网络建设;促进工程教育的质量保证(QA);积极加入世界工程教育论坛(WEEF);协同各方发展工程教育能力的建设。

(三) 欧洲工程教育学会(SEFI)

1. 目标规划

欧洲工程教育学会作为欧洲最大的教育网络,致力于促进工程教育发展和提升工程从业人员社会形象。

2. 重点任务

欧洲工程教育学会通过个人、机构、政府等多层面成员的合作,开展国际组织交流活动,以开放、包容的态度,激发创造力,提升从业人员专业素养,为高等工程教育做出贡献。

(四) 全球工学院院长理事会(GEDC)

1. 目标规划

GEDC 的战略目标基于工程行业交流、机构研究合作、师生交换学习、网络共建四个维度。与 Petrus Communications 合作举办的 GEDC 行业论坛汇集了工程雇主和工程师交流知识、分享经验。GEDC 促进机构间研究合作,拥有一套独特的专业知识互补体系,应对工程领域的问题挑战。同时,GEDC 支持全球范围内的学生和教师的交流计划,2019 年成立的 GEDC Exchange 作为信息交流的数字化平台,为世界各地的会员提供技术支持,保证信息交流的流通性。GEDC 拥有超过 500 名工程领导者、行业和多边机构的成员,将其成员与工程教育领域相关者网络联系起来。

2. 重点任务

GEDC 在主持工程项目过程中,为信息交流、经验探讨、实践交流提供一个全世界范围的平台;为工学院提供在课程开发和创新、彼此合作以及与企业和其他相关组织交流的可行方案;建立相关网络,支持工学院在区域政策、全国政策和国际政策的制定过程中扮演领导者角色;积极参与全球工程教育质量标准的制定与维护。

(五)美国工程教育协会(ASEE)

1. 目标规划

ASEE 以创新为核心应对工程教育的重大挑战。然而,为了使工程学科充分发挥其潜力,工程教育界和工程专业须更好地进行跨学科交流研究,工程学须积极参与并帮助促进工程教育发展和工程职业追求。多样性和包容性对于丰富教育经验和创新至关重要,这些经验和创新推动了创造性解决方案的发展,以应对世界的挑战。ASEE 强烈认为,必须为所有人提供平等的机会来追求和推进工程职业,并且任何人都不应因为某些差异而被边缘化或不被包容。例如,这些差异包括年龄、信仰体系、残疾状况、种族、性别、性别认同、性别表达、国籍、性取向、社会经济状况以及任何差异。

2. 重点任务

增加工程和工程技术教育经费;加深学生对工程技术的认识和接触机会;支持机构努力培养来自世界各地的学生。

三、路径与举措

(一)世界工程组织联合会(WFEO)

世界工程组织联合会的战略目标涉及政策、经济、环境、文化等多重维度,其实施离不开联合国机构、其他国际组织和社会团体的共同参与,开展多边合作。

1. 与联合国机构建立合作伙伴关系

WFEO 由联合国教育、科学和文化组织赞助成立,自成立以来一直参与教科文组织密切和持续合作,并参与制定、实施本联合会相关计划,同时扩大教科文组织主管领域的联合活动。

全球繁荣和人类福祉取决于世界生态系统的生产力及其提供的服务。由于生态系统现在面临前所未有的压力,可持续发展的前景正面临严重威胁。而联合国环境规划署(UNEP)是全球领先的环境权威机构,鼓励、帮助有关国家或地区研发再生能源,提供技术咨询;负责制定全球环境议程,促进在联合国系统内协调一致地实施可持续发展的环境层面,并作为全球环境的权威倡导者。WFEO与之建立政策引导、技术服务咨询等合作,对促进可持续发展目标的推行有实践指导意义。联合国减少灾害风险中心(UNISDR)是联合国系统协调减灾的协调中心,促进实施国际减灾战略(ISDR),并确保联合国系统和区域组织的减灾活动与社会经济和人道主义援助,为促进研究教育和综合地球系统风险分析和可持续灾害管理的整体方法,WFEO在减轻自然灾害和人为环境危害方面获得了联合国减少灾害风险中心(UNISDR)的咨询地位。同时,WFEO与联合国气候变化框架公约(United Nations Framework Convention on Climate Change,UNFCCC)建立合作伙伴关系,通过知识、经验和技术的交流合作,开发和实施风险评估体系、提出基础设施工程漏洞评估的指导文件、制定国际现行通用最佳方案。WFEO促进区域、国家一级和社区一级的试点项目建设,使民用基础设施应对自然灾害,特别是在欠发达地区的基础设施应用。

WFEO就经济发展、社会安全、工业发展、能源开发利用、气象监测等多个领域的发展,与联合国经济及社会理事会(ECOSOC)、国际原子能机构(IAEA)、联合国工业发展组织(UNIDO)、WEC(世界能源理事会)、世界气象组织(WMO)等联合国组织开展交流合作。

2. 与其他国际组织合作

经济合作与发展组织(OEDC)促进改善全世界人民经济和社会福祉的政策。WFEO通过经合组织论坛交流,分享经验并寻求解决共同问题的方案。

国际工程联盟(IEA)是一个全球性的非营利组织,规定了对工程学教育资格和专业能力的认可,由来自27个国家的36个辖区的成员组成,涉及七个国际协议。2015年12月,国际工程联盟(IEA)和世界工程组织联合会

(WFEO)签署了一份谅解备忘录:提高认识、认证的重要性;建立承诺促进国家机构的发展;建设国家机构的能力,为 IEA 指导做准备;支持国家机构加入 IEA 工程教育协议和注册工程师协议。

国际标准化组织(ISO)是一个独立的非政府国际组织,拥有 162 个国家标准机构。通过其成员,它汇集专家意见,并基于共识的市场相关的国际标准,分享知识、支持创新并为全球挑战提供解决方案。WFEO 是 ISO 37001 反贿赂管理系统标准项目的合作伙伴,通过成为 ISO 项目委员会的联络组织并提供起草委员会主席,发挥了特殊作用。

2018 年 3 月,WFEO 在 50 周年庆典期间,与多个教育类机构签署合作协议,例如:旨在提高工程教育的标准和能力建设的国际工程教育中心(ICEE),位于北京的清华大学的联合国教科文组织第二类中心;国际科技创新中心(ISTIC),促进南南在工程教育方面的合作;国际工程教育学会联合会(IFEES),提高全球工程教育和能力建设的标准,并利用成员的集体优势,以改善全球的工程教育;国际咨询工程师联合会(FIDIC),推广和实施咨询工程行业的战略目标,并向其成员传播信息和资源;国际女工程师和科学家网络(INWES)。

(二)国际工程教育学会联盟(IFEES)

1. 利用传统媒体

IFEES 成员参与出版物的发现和制作,对经验交流、学术合作提供良好的媒介。例如,Global Engineer 是来自 IFEES 和 GEDC 全球成员的出版物的合作。以 IFEES 为主导的刊物——《ASEE 工程教育杂志》;多语种出版刊物——《AAEE 澳大利亚工程教育杂志》《ANFEI 杂志(西班牙文)》《ACOFIREVISTACACIACIÓNENINGENIERÍA(西班牙语)》《CONFEDI 阿根廷工程学报(西班牙语)》《CT;ATEEM(台湾)国际技术与工程教育杂志(英文)》。

2. 利用网络媒体

利用现代信息传媒技术,工程教育工作者发布工程领域 MOOC、前沿政策讯息、知识科普等视频影音资料。

3. 举办学术论坛

2019年11月13—16日,印度钦奈是国际工程教育学会联合会年度峰会 WEEF-GSF 2019 的主办城市。此次活动首次在印度举办,包括 IX World Engineering Education Foruim(WEEF)和 XV Global Student Forum(GSF)。这是世界上最大的工程教育聚会,包括工程教育工作者、领导者、学生、工业界、政府组织、非政府组织等,以学习、分享和建立富有成效的长期合作关系。会议主题是促进可持续发展工程教育。

(三) 欧洲工程教育学会(SEFI)

1. 与国际组织合作

SEFI 与工程领域相关国际组织保持稳定关系,其中包括合作关系、成员关系、合作伙伴关系。

如在工程教育领域合作的联合国教科文组织、欧盟委员会、欧洲理事会。同时,SEFI 也是多个工程组织的创始成员,如:EuroPace、国际工程继续教育协会、东非一体化与发展的孵化器、国际工程教育学会联盟、欧洲工程教育认证网络。与国际工程教育学会、BEST、美国工程教育协会、LACCEI、中国高等教育学会工程教育专业委员会签署谅解备忘录。与 EUA、FEANI、CESAER、ASIBET、ABET 保持良好的关系和合作。

2. 举行多种会议交流

SEFI 举行多种会议形式开展国际学术交流,其中 SEFI 年会是以工程教育为重点的科学会议,对于教授、学生、行业和专业组织来说,这是一个独特的机会,交换意见,建立欧洲联系网络,会议上提交的论文发表于 SCOPUS。欧洲工程学院院长会议的目标是汇集来自欧洲各地的院长会面,并深入讨论共同话题、分享经验、找出问题的解决方案,并与不同欧洲国家的同行建立网络。另外,还举办具有 SEFI 特色、专门对于成员组织之间的专题辩论会和研讨会。多种会议交流涉及不同国家、地区,就不同重点内容深入探讨、多重构建专业交流合作。

（四）全球工学院院长理事会（GEDC）

1. 利用合作资源

GlobalEngineer 是 GEDC 与 IFEES 建立全球工程教育的最新消息共享平台，由会员提交材料并刊登。

2. 利用出版物

刊登会员或其他组织成员发表的工程教育领域重要文件或论文，目前有90余篇。涉及重要决策，如《GEDC 巴黎宣言》《GEDC 战略文件》；工程教育领域问题探讨，如《公立大学面临的战略问题》《在变革时代转变工程教育》；以及多语种文章《传播报告：拉丁美洲工程学院院长会议（西班牙文）》《拉丁美洲工程学院理事会章程（西班牙文）》等。

3. 举办相关论坛

全球论坛

2019年10月20—23日，智利天主教大学工程学院将成为全球工程院长理事会（GEDC）年会的东道主，举办全球性的工程院长和校长全球论坛。会议的主题是"用工程的思维、心灵和双手：实现目标"。

"工程创造美好社会"。GEDC 会议的重点放在工程学的角度，对拉丁美洲和其他地区的可持续发展的跨学科问题开展讨论，如对自然灾害、健康、能源、水和食物的抵御能力。通过推进相关领域的研究和创新来解决当地、区域和全球问题。

人才培养多元化。性别问题是世界上大多数工程、数学和自然科学学院招生所面临的一个地方性问题，最终导致大多数 STEM 学科的致命劣势。工程学校人才的多样性要求，迫切需要保持其作为一门吸引最优秀人才的学科定位。该组织希望看到 GEDC 讨论的焦点，包括女性进入 STEM 职业的动机和障碍。第一步是改善包容机制，以吸引来自不同文化、地区、社会经济背景的学生，并帮助他们取得成功。另一个相关的问题是，确定未来工程中需要什么类型的人才，以应对各种人类利益和关注的新工程学科要求。

工程学院准备如何培养新型工程师，他们是否能够以不同的方式思考，是否敢于挑战知识、技术和整个社会的极限？课程和激励结构是否有利于这种思维、态度和技能？学术严谨性是否影响培养学生的创业技能？诸多问题待探讨。因此，在高等教育过程中，社会和大学在工程学生教育过程中应培养学生的创造力、工程实践能力等在 GEDC 2019 论坛主题讨论中将涉及。

行业论坛

第一届 GEDC 行业论坛于 2017 年 6 月在法国枫丹白露举行。行业论坛的目的是为工程教育和行业领导者提供一个平台，共同讨论和建立可行的解决方案，以培养工程专家和领导者了解彼此需求，解决多项挑战。例如工程和信息技术领域的技能差距，这些差距可归因于诸如全球化加剧等大趋势的汇合；数字化、技术、经济和社会结构的融合，这些融合成为了世界进入第四次工业革命的开端。2019 年 4 月，GEDC 在北京举办期间举办了第一届地域产业论坛。全球 GEDC 行业论坛的第二部分于 2019 年 7 月 3—5 日在法国枫丹白露举行。

4. 建立数字平台

GEDCExchange 是由 Quanser Consulting 和其同事建立的数字平台，为世界各地的会员信息交流、经验探讨提供支持。GEDC 成员可以发布其机构和地区的信息。GEDCExchange 也是阅读 GEDC 重要活动、会议、新闻的重要媒介，通过建立强大的网络平台，增进工程前沿问题交流及时性和流通性。

5. 推动特色项目

空中客车 GEDC 多样性奖（Airbus GEDC Diversity Award）是空中客车公司和 GEDC 的合作项目，其前身是空中客车公司在 2012 年为其员工设计的、提供其进入 STEM 的机会。这项倡议于 2012 年 10 月在布宜诺斯艾利萨根蒂纳的工作工程教育论坛（EEP）上公布。空中客车 GEDC 多样性奖旨在鼓励基础项目研发，激发相关专业领域的学生学习工程技能和知识。2017 年，联合国教育部门、联合国教科文组织授予该奖项赞助权，并在 2018 年签署了合作协议。该奖项的长期目标是在全球范围内增加各种各样的工程项目，从而使工程行业发展多样性、鼓励创新，确保更多的学生在学习过程中有机会体验和重视团队协作、创新能力培养。

(五) 美国工程教育协会(ASEE)

1. 设立奖学金项目

ASEE 针对不同学龄段设立奖学金以鼓励其在工程学习中积极发挥创造力,高标准完成学业,亦对继续深造学习进行激励。例如,学徒计划旨在鼓励高中学生从事科学和工程职业;通过夏季科学和工程研究体验,让合格的高中生了解海军部(DoN)实验室的活动;为学生提供在学校环境中无法获得的与科技工程人员接触的机会;让学生理解 DoN 的研究和工程活动目标,以鼓励其对国防事业保持积极支持的态度;并鼓励其他高中学生参加更多的科学和数学课程,让这些学生成为同龄人的积极榜样。该计划将具有学术兴趣和能力的有才华的高中学生作为 DoN 实验室的学员,在为期八周的暑假期间与作为导师的科学家和工程师一起工作。该计划为学生提供独特和积极的体验,从而鼓励他们未来从事科学和工程领域的职业。

另外还设有:本科——海军研究企业实习项目(NREIP)、研究生项目(有三个子项目——NREIP、NDSEG、NSF GRFP)、国防科学与工程研究生奖学金计划(NDSEG)、国家科学基金会研究生研究奖学金计划(NSF GRFP)。

2. 利用出版物

ASEE 有多种类型出版物,涉及前沿工程研究、工程教育探索、政策现象分析等,丰富了工程教育素材。如《企业家心态:使用什么,为什么以及如何作为组织框架的问题》提供了一个由两部分组成的企业家心态研讨会的框架和细节,其中包括以下内容:(1)建立一个由企业家心态研究人员和从业者组成的组织;(2)定义一个企业家心态框架;(3)确定识别工作的努力并衡量该框架内企业家思维的维度。作为研讨活动的一部分,参与者创建了作者团队,起草了概念文件,并修改论文,随后出版"工程教育进展"期刊。该期刊包含 10 个 2500 字的概念文件,涉及与创业思维方式相关的主题,如:创业思维为何如此重要,以及如何促进,灌输或评估创业思维方式。

第五章 联合国教科文组织二类中心战略规划

联合国教科文组织目前已经与近200个国家的教育部门和其他伙伴保持着密切联系,在推动行动和变革方面处于关键地位,其中二类中心被认为是联合国教科文组织执行部门的一个重要延伸。进入21世纪以来,随着全球化的加深和对全球问题的应对,在世界范围内产生了一系列的工程教育类国际组织,其中尤其值得关注的是联合国教科文组织框架下的一批新设机构。

目前,在联合国教科文组织的教育部门和自然科学部门管辖下,经会员国大会批准,设置了众多该组织二类中心,比如国际南南合作科技政策中心(马来西亚)、基于问题的学习与工程科技可持续发展中心(丹麦奥尔堡大学)、国际工程科技知识中心(中国工程院)、高等教育创新中心(中国深圳)、国际工程教育中心(中国工程院—清华大学)等等。思考和探讨国际工程教育中心的未来发展,必须对与之相仿的其他二类中心进行梳理与分析。

本章所研究的中心是联合国教科文组织二类中心中彼此间有密切的业务合作、签署了合作备忘录,并且有频繁的高层往来的相对活跃的机构(下文按批准时间排序)。对各个中心的战略规划进行梳理与分析,有助于为国际工程教育中心战略规划提供有价值的参考,有助于突出重点与关键,为战略规划的制定与调整提供依据。

一、南南国际科技与创新中心(ISTIC)

组织名称: 联合国教科文组织南南国际科技与创新中心(International Science Technology and Innovation Centre for South South Cooperation UNDER

THE AUSPICES OF UNESCO,ISTIC)

成立时间:2008 年 1 月

所在国家/地区:马来西亚吉隆坡

设立单位:马来西亚创新与科技部

组织网址:https://www.istic-unesco.org

联合国教科文组织南南合作国际科技与创新中心的创立是《多哈行动计划》的跟进行动。2005 年 6 月 12—16 日,77 国集团第二届南方首脑会议在卡塔尔首都多哈举行。会议期间,"77 国集团加中国"的国家元首和政府首脑通过了《多哈行动计划》。这次首脑会议促使联合国教科文组织开发和实施南南科技合作项目,目标是通过提供政策建议、交流经验和最佳实践,在发展中国家建立解决问题的卓越中心网络,以及支持发展中国家之间的学生、研究人员、科学家和技术专家交流。

作为《多哈行动计划》的落实,2008 年 1 月 21 日,时任马来西亚科技与创新部部长达图·塞里·贾玛鲁丁·加吉斯(Dato Seri Jamaludin Jarjis)与联合国教科文组织总干事松浦晃一郎(Koichiro Matsuura)先生共同签署了关于创立南南合作国际科技与创新中心的协议。按照中心的创立程序,马来西亚政府、马来西亚科技与创新部与联合国教科文组织、伊斯兰教科文组织(ISESCO)合作举办了南南合作国际科技与创新中心的启动会。

ISTIC 中心启动会对科技与创新在南南水资源、能源、健康、农业、生物多样性管理(WEHAB)等方面的合作中对于实现联合国千年发展目标(MDGs)的作用进行了审议,特别重视人力资源能力建设。相关的科技与创新重要技术包括信息通信技术、生物技术、太空科技、纳米技术等等。

ISTIC 中心是马来西亚政府对 77 国集团首脑会议的积极回应,既体现了马来西亚对落实首脑会议的高度重视和对联合国教科文组织专业地位的认同,也说明了马来西亚对在南方国家中发挥领导作用的积极态度,以及马来西亚政府对创新科技政策的重视。

1. 总体目标

从其名称可以看出,联合国教科文组织南南合作国际科技与创新中心将作为南南科技与创新合作的国际平台,并充分利用"77 国集团加中国"和伊斯兰会议组织的已有网络。通过以下举措,提升发展中国家的科技与创新管理能力。

ISTIC 中心的总体目标:

- 为科研中心和科研机构的科学家、管理人员及政策制定者提供特定领域的中短期培训;
- 促进政府、学术界和产业界之间的合作,以促进公私部门之间的知识转移,促进各参与国精心策划并推动的相关知识型项目和机构;
- 探寻并提供新技术潜力方面的知识,以解决发展中国家所面临的具体问题;
- 发展区域和国际层面的网络与合作研发和培训项目,包括连接参与国的指定节点中心;
- 在发展中国家建立解决问题的卓越中心网络;
- 支持发展中国家之间的研究人员、科学家和技术专家交流;
- 促进信息交流与传播。

2. 组织培训

ISTIC 中心为南方国家的科学家、技术专家、创新人员(以下简称"科技与创新人员")、科技与创新政策制定者提供指定领域的长短期培训,旨在提升其管理科技与创新体系的能力,包括:设立奖学金、开办将专业化培训和项目化培训融为一体的培训课程和培训班;建立学术界与产业界之间的联系,促进公私部门之间的信息传递,促进各参与国精心策划和基于相关知识的产业发展;解决发展中国家所面临的共同问题和具体问题,以便建立拥有信息技术、生物技术、纳米技术等先进技术的知识型企业;开发区域和国际层面的网络与合作研发和培训项目,包括连接参与国的指定节点中心;促进信息交流与传播。

3. 治理结构

理事会

中心应由理事会指导和监督。理事会成员的任期为两年。中心主任担任理事会秘书。理事会应定期举行会议,至少每年举行一次面对面会议或视频、音频会议。

执行委员会

执行委员会由理事会组成,负责中心的有效日常管理。执行委员会成员由政府与教科文组织协商任命。执行委员会应负责中心工作人员的任命和终止。执行委员会应负责任命不时设立的工作小组委员会和工作队。执行委员会应定期举行会议,每年至少举行四次面对面会议或视频、音频会议。

科学技术和创新咨询委员会(STI 咨询委员会)

理事会应设立 STI 咨询委员会,为理事会提供有关中心计划的规划、执行、审查和监督的技术建议。STI 咨询委员会应由理事会从科学技术和法律专家以及商业界代表中任命的至少 10 名成员组成。它可能包括政府和教科文组织的代表。在必要时,可邀请 STI 咨询委员会成员参加理事会和执行委员会的会议。STI 咨询委员会成员的任期为两年。

秘书处

中心秘书处由一名主任和中心正常运作所需的工作人员组成。主任应由理事会主席与教科文组织总干事协商任命。经执行委员会批准,秘书处其他成员可包括:教科文组织工作人员,根据教科文组织的规定及其决定,可暂时分离并提供给中心、管理机构;由主任根据理事会规定的程序任命的任何人;根据"协定"的规定,将向中心提供的政府官员;教科文组织会员国、国际或区域私营部门和非政府组织借调的任何人。

二、基于问题的学习与工程科技可持续发展中心(UCPBL)

组织名称:联合国教科文组织奥尔堡大学基于问题的学习与工程科技可持续发展中心(The Aalborg Centre for Problem Based Learning in Engineering Science and Sustainablity UNDER THE AUSPICES OF UNESCO,UCPBL)

成立时间:2013 年 11 月

所在国家/地区:丹麦奥尔堡

设立单位:丹麦奥尔堡大学

组织网址:https://www.ucpbl.net

联合国教科文组织奥尔堡大学基于问题的学习与工程科技可持续发展中心(以下简称"奥尔堡中心")于 2013 年 11 月经联合国教科文组织会员国大会批准成立,设在丹麦奥尔堡大学。奥尔堡中心是联合国教科文组织目前在工程教育领域仅有的两个二类中心之一,隶属于联合国教科文组织自然科学部门,由奥尔堡大学申请设立。

在奥尔堡中心看来,当前人类在全球范围内面临诸多挑战。因此,在实现可持续性和可持续发展方面,工程和科学的作用变得至关重要。

1. 战略目标

奥尔堡中心的总体战略目标:对能够参与制定针对当前和新兴社会、经济和环境挑战制定可持续解决方案并为之做出贡献的工程师和科学家进行教育,从而帮助大学在提供可持续技术创新方面进一步发挥积极作用。

从奥尔堡中心2014—2020年的战略计划来看,该战略计划侧重于长期总体战略问题和政策。

奥尔堡中心的具体战略目标和活动将在以下三个方面实现研究、教育和发展的结合:

- 工程和科学教育领域的基于问题和项目的学习;
- 工程科学领域的工程教育研究;
- 与更广泛可持续发展领域相关的可持续发展教育。

奥尔堡中心的战略目标是将大学活动与私营和公共组织的活动联系起来,以促进可持续技术创新。

值得指出的是,建校于1975年的奥尔堡大学,从建校至今天,所坚持的教育理念一直是基于问题的学习(PBL)。可以说,PBL是奥尔堡大学的立校之本。某种程度上,奥尔堡中心的设立既与奥尔堡大学的教育特长高度相关,也是为在世界范围内推广PBL的重要国际化举措。

2. 战略使命

奥尔堡中心的战略使命将侧重以下方面:

(1)建立一个全球社区,由来自发展中国家和发达经济体的工程科学和可持续发展PBL领域的从业者、研究人员、专家和机构组成;

(2)建立工程与科学教育PBL和可持续发展领域的国际研究和博士生培养体系;

(3)为学术人员和学生提供全球性正规教育和培训,就如何在国家、地区乃至国际层面开展针对PBL的工程和科学教育改革以及实现可持续发展,帮助社会成员传播和交流知识,并实现互助;

(4) 与各类机构和学校开展合作,吸引学生学习工程和科学知识,并向高等院校和政府开放知识、教育、培训和其他资源,以促进工程和科学教育领域的 PBL 以及可持续发展。

3. 目标成果(2014—2020 年)

建设奥尔堡中心的目标是开展跨学科研究,并通过开发新的知识和工具以及推进实施将 PBL 和可持续发展融入学习方法的教育模式,将可持续发展与技术研究方法有机结合。这样可以培养出具有社会和环境责任意识的工程师和科学家,他们能够在经济、环境和社会问题方面开展可持续发展创新,并顺应全球化发展的趋势。

预计在未来 6 年内,奥尔堡中心将在全球范围内产生影响,并记录这些影响。奥尔堡中心将与合作伙伴和其他组织开展合作,以变革推动者的身份开展以下工作:通过将学术、企业和社区导向的知识与技能和能力的学习相结合,发起并推进对未来工程师和科学家的能力要求的讨论;引领全球网络向更多以学生为中心的学习课程转型,既重视技术—科学—知识,也重视民主、独立学习、协作知识建构和社区意识等公民技能和过程技能;通过将更加以学生为中心的学习与 PBL 和可持续发展(ESD)相结合,影响全球和地区的教育和制度变革的日程。

中心将制定符合基于证据和成果管理要求的路线图以之为战略目标和成果,并据之组织和监测相关活动。

(1) 战略活动

为了完成中心的使命并取得预期成果,奥尔堡中心将开展四项总体战略活动:全球网络建设、研究生和博士生培养、教育项目、拓展活动。上述四项主要战略活动将在每个主题领域(PBL、EER 和 ESD)中开展,也会跨主题领域实施。

奥尔堡中心的工作核心将是把 PBL、EER 和 ESD 都作为工作重点。中心将成为奥尔堡大学的内部参与者,并以此身份将可持续发展融入工程和科学教育,从而为制定培养绿色工程师和科学家所需的教育策略奠定基础,同时还可以制定与企业密切合作所需的制度和区域战略。

在奥尔堡大学内部,3 个核心的学科领域(PBL、EER、ESD)将成为扩展内部合作伙伴关系的起点。中心的合作伙伴关系将扩展到技术和科学研究以及教育学科领域,并为更具体的跨学科项目创建平台。奥尔堡中心的原创和创新工作已经汇集了一系列研究小组,形成了一个致力于实现卓越研究、教育和培训的国际实践社区。

(2) 资金支持

中心的部分资金将由奥尔堡大学资助,部分来自有关外部资金来源(包括基金会和丹麦政府)。中心将与外部和内部合作伙伴合作,共同制定资助和赞助计划。些活动将向参与者收费,或通过项目合作获得外部资金支持。中心将优先考虑获得外部资金,以确保为工程和科学教育 PBL 与可持续发展领域的重点项目合作与发展提供强有力的平台。

(3) 治理结构

奥尔堡大学负责奥尔堡中心的运营工作。中心隶属于奥尔堡大学规划与发展系,后者在问题导向型学习、工程教育、可持续发展和工程领域的社会责任方面均开展研究。

中心的组织结构能反映全球网络能力建设的基本理念。中心的顾问委员会由联合国教科文组织及其成员国的代表组成,其职责遵循联合国教科文组织二类中心的标准协议,并根据丹麦法律进行了必要的调整。中心还设有一个内部 AAU 管理委员会,该委员会由不同工科院校领导人和 AAU 代表组成。

此外,奥尔堡中心建立了一个咨询委员会,由来自世界各地的学术界、行业和专业组织的大约 40 名 PBL、可持续发展以及工程和科学教育等多个领域的专家组成。咨询委员会的责任是根据战略计划和报告,在区域和国际层面为奥尔堡中心的工作和活动提供战略咨询和政策意见;为新活动、合作伙伴、领域和合作模式提供思路。

参与 PBL、EER 和 ESD 的机构和个人可以通过全球网络参与各种活动。奥尔堡中心将采取举措,以开发与核心合作伙伴开展合作所需的业务模式。

三、国际工程科技知识中心(IKCEST)

组织名称:联合国教科文组织国际工程科技知识中心(International Knowledge Centre for Engineering Science and Technology UNDER THE AUSPICES OF UNESCO,IKCEST)

成立时间:2014 年 6 月

所在国家/地区:中国北京

设立单位：中国工程院

组织网址：http://www.ikcest.org

随着全球海量信息交流的不断增长,当今世界已进入大数据时代。然而,其中许多数据仍无法在互联网上获取,仅在企业、科研院所和高等教育机构内部可用——而其他人是看不见的。为了解决这一问题,急需建立一家国际组织来促进多方利益相关者的合作,整合各种数据资源——从而奠定累积数据基础,在此基础之上利用工程学方法解决全球问题。联合国教科文组织框架下的国际工程科技知识中心致力于动员全球工程科技界整合全球数据资源,产生并传播大数据知识,建设相关技术的应用能力。

联合国教科文组织国际工程科技知识中心是一家致力于工程科技和应用技术的综合性国际知识中心。作为联合国教科文组织的二类机构,国际工程科技知识中心是一家连通全球的工程机构,致力于整合关于工程科技方面的各种数字资源,打造公共数据服务平台和相应的服务环境,并协调建立专业知识体系。联合国教科文组织国际工程科技知识中心在全球范围内以咨询、科学研究和教育方式为工程科技领域,特别是发展中国家的政策制定者、工程师、研究人员和技术人员提供知识服务。

1. 任务职能

(1) 建立一个国际工程与技术资源枢纽

联合国教科文组织国际工程科技知识中心将与全世界的科研院所、企业和高等教育机构合作,共同打造一个广泛连通的国际工程与技术资源枢纽,为其运营奠定全球数据基础。

(2) 建立一个公共数据服务平台,并通过大数据开发用于知识挖掘和分析方面的技术

公共数据服务平台为工程科技资源枢纽提供技术支持、数据连接、数据管理和开发以及其他技术服务。另外,公共数据服务平台还致力于为大型数据挖掘和政策制定能力的提升,开发开创性技术。

(3) 合作建立专业知识服务体系,提升发展中国家的能力

在工程科技资源枢纽和公共数据服务平台的基础上,联合国教科文组织国际工程科技知识中心聚合不同领域的工程科技机构,以专注于可持续发展,尤其是专注于促进发展中国家的能力建设。

(4) 培养具有大数据处理能力的跨学科工程人才

联合国教科文组织国际工程科技知识中心设立培训部门，制定并实施工程师和管理人员培训计划，以提升其开发、运行和管理专业知识体系的能力。

(5) 协助联合国教科文组织实现其目标并支持其行动计划

联合国教科文组织国际工程科技知识中心将与联合国教科文组织的一类和二类机构合作，支持联合国教科文组织朝着实现联合国千年发展目标（MDGs）而努力——并支持全球化世界的和平建设、脱贫和可持续发展。

2. 运作管理

联合国教科文组织国际工程科技知识中心是联合国教科文组织的伙伴机构，致力于在全球范围内促进工程科技发展和跨学科教育以及建构知识服务体系。依托广泛的高层次国际性、区域性和全国性合作网络，联合国教科文组织国际工程科技知识中心将以跨部门、跨学科的方式开展工作。

(1) 努力建立一个国际工程科技资源枢纽

联合国教科文组织国际工程科技知识中心与全球科研院所、企业、高等教育机构、数字图书馆、专业数据库、档案馆和其他相关机构携手合作，共同整合不同学科、机构和区域的海量数字工程资源。

(2) 努力建立专业知识服务体系

建立不同领域的专业知识服务体系需要有规范化的发展程序和强大的管理机构，以便有效地聚合全球科研院所、企业和高等教育机构的工程科技力量。这些机构也会合力建设专业知识服务体系和推广工程科技教育，以提升创新能力。

(3) 作为实现联合国教科文组织目标的贡献者

联合国教科文组织国际工程科技知识中心正在加强其与联合国教科文组织其他机构和中心，特别是一类和二类机构的合作。合作重点领域为工程科技、水资源管理、海洋科学、气候变化及其他相关领域，旨在有效传播专业工程知识和经验——从而通过加强工程教育和促进工程师的职业发展来协助联合国教科文组织开展工作。另外，联合国教科文组织国际工程科技知识中心还将充分利用中国工程院给予的支持来组织研讨会和培训班，从而帮助发展中国家培养工程人才，以及扩大工程科技领域的合作。

四、联合国教科文组织高等教育创新中心(ICHEI)

组织名称:联合国教科文组织高等教育创新中心(International Centre For Higher Education Innovation UNDER THE AUSPICES OF UNESCO,ICHEI)

成立时间:2015年11月

所在国家/地区:中国深圳

设立单位:南方科技大学

组织网址:http://cn.ichei.org

联合国教科文组织第38次大会于2015年11月13日批准在中国深圳设立"联合国教科文组织高等教育创新中心"。这是UNESCO在全球第10个二类教育机构,也是在我国设立的第一个高等教育二类机构。

1. 战略目标

在"一带一路"政策指导下,与沿线国家开展高等教育合作项目,通过知识共享和能力建设等多种形式,输出深圳信息通信技术产品和服务,为当地工业化信息化提供智力支撑和人力资源保障。支持亚非发展中国家提升高等教育质量,促进教育公平。为全球高等教育创新思想与实践提供交流对话平台。完善中心特色项目和资源建设,如亚太项目、非洲项目、MOOC系统建设和高等教育ICT资源包。

中心依托深圳市信息通信技术产业优势,结合中国高等教育大众化经验,满足当地对优质高等教育资源的渴求,支持亚非发展中国家提升高等教育质量,促进教育公平。中心在海上丝绸之路沿线国家开展高等教育合作项目,通过知识共享和能力建设等多种形式,输出深圳信息通信技术产品和服务,为当地工业化信息化提供智力支撑和人力资源保障。中心开展海上丝绸之路沿线国家教育研究,力争成为有影响力的国际智库,为全球高等教育创新思想与实践提供交流对话平台。

2. 组织机构

理事会全面监管中心的工作,中心负责人为中心主任,设立国际专家咨询委员会为中心主任提供建议,设立综合部、研究部、亚太项目部和非洲项目部四个主要部门。

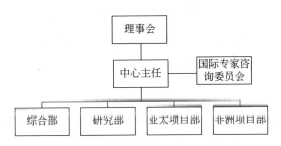

图31　联合国教科文组织高等教育创新中心组织结构图

制图:ICEE课题组

3. 目标成果

举办活动提高教育创新能力

联合国教科文组织高等教育创新中心先后举办了柬埔寨金边皇家大学研修班,承办了商务部援外培训计划。2016—2017年,中心依托南方科技大学合作,举办首期"高等教育信息通信技术:能力建设"研修班及"亚非国家高校信息技术革新"研修班。该研修班的目的是提高高等教育领域的官员、教授和信息技术专家利用信息通信技术推动高等教育创新的能力。

五、联合国教科文组织国际工程教育中心(ICEE)

组织名称:联合国教科文组织国际工程教育中心(International Centre for Engineering Education UNDER THE AUSPICES OF UNESCO,ICEE)

成立时间:2016年6月

所在国家/地区:中国北京

设立单位:中国工程院、清华大学

组织网址:https://www.icee-unesco.org

联合国教科文组织第38次大会于2015年11月13日批准在中国设立,2016年6月在北京挂牌成立。清华大学工程教育研究中心、中国工程院—清华大学工程教育中心、联合国教科文组织国际工程教育中心三块牌子一体运行。中心以工程教育为活动主题、由中国工程院和清华大学共同申请和建设，是目前联合国教科文组织唯一驻在清华大学的二类机构。国际工程教育中心根据中华人民共和国政府与联合国教科文组织签署的协议成立，并在中华人民共和国政府以及联合国教科文组织允许的范围内开展工程教育领域的国际交流合作、研究、培训等活动，促进世界各国，尤其是发展中国家工程教育的发展。

中心在中华人民共和国政府和联合国教科文组织的共同指导下开展工作。中国政府为中心的管理和运作提供所需资源，联合国教科文组织为中心计划的活动提供必要的支持。

（一）国际工程教育中心的总体发展战略规划[①]

编制战略计划为确定中心今后的战略方向提供了良好基础。中心的工作能否沿着战略方向发展，在很大程度上将取决于我们对未来全球工程教育工作面临挑战的分析与应对。工程教育面临的这些挑战深刻而又复杂。

本期战略规划期限设定为2017—2020年，涵盖本届理事会的3年任期。得到批准后，将为编制2018年、2019年、2020年的年度计划和预算提供指导，以便确保计划和预算明确地沿着战略方向开展工作。

1. 战略计划

将按照中心章程所规定的管理框架工作，成为本中心一个重要的里程碑。每项战略目标中的预期成果将成为参考指标，以确保秘书处的效绩对理事会负责。本战略计划构成长期战略规划的一个组成部分，为实现中心的目标与职能做出重要贡献。此外，下述四项核心价值将贯穿战略计划的各项战略：①面向工程教育，重视各利益有关方对中心各项工作的要求；面向发展中国家，为发展中国家培养高水平的工程人员视为中心目标之一；面向女性工程人员，重视性别平等并实现预期成果；尊重工程伦理，尊重伦理道德、关心社会和环境。

战略定位以联合国教科文组织的宗旨和原则为指导，以推动建设平等、包

---

① 本部分为《国际工程教育中心战略规划（2017—2020）》的重点内容。

容、发展、共赢的全球工程教育共同体为长期愿景,围绕全球工程教育质量提升与促进教育公平的核心使命,以创新驱动和产学合作为主线,聚焦工程科技人才培养,致力于建成智库型的研究咨询中心、高水平的人才培养基地和国际化的交流合作平台。

2. 2030年愿景目标

中心发展的愿景:推动构建以平等、包容、发展、共赢为基础的全球工程教育共同体。以创新驱动,产学合作为主线,推动各国特别是发展中国家的工程教育质量与公平,支撑各国经济社会的可持续发展,推动人类的共同文明和进步。

中心2030年建设目标:面向世界,扎根中国,立足清华,瞄准联合国2030年可持续发展、中国工程教育强国和清华一流工科建设中的重大战略需求,成为在全球工程教育界具有重大政策影响力和学术影响力的工程教育思想库、人才培养基地和国际交流中心。

3. 战略目标

实质性战略目标

战略目标一:开展学术交流和咨询活动,向政府和国际组织提供制订工程教育政策、战略、标准和制度方面的智力支持。

战略目标二:开展各种教育培训活动,为发展中国家培养高端工程人才。

战略目标三:与联合国教科文组织的相关机构和中心开展合作。

辅助性战略目标

战略目标四:创建国际交流平台,向教科文组织的全体会员国开放。

战略目标五:借助传统与新兴教育手段,充分利用并扩大中心的合作网络完善教育模式。

4. 战略框架

上述五项战略目标成为战略计划的核定战略框架。战略目标一至战略目标三涉及本中心的实质目标与任务。战略目标四和战略目标五属于辅助性目标,旨在确保有效中心与教科文组织成员国以及相关合作机构的双向交流,以帮助各项实质性目标的实现(见图32所示)。

战略目标一
开展学术交流和咨询，向政府和国际组织提供制订工程教育政策、战略、标准和制度方面的智力支持

战略目标二
开展各种教育培训活动，为发展中国家培养高端工程人才

战略目标三
与联合国教科文组织的相关机构和中心开展合作

战略目标四
创建国际交流平台，向教科文组织的全体会员国开放

战略目标五
借助传统与新兴教育手段，充分利用并扩大中心的合作网络完善教育模式

图32　国际工程教育中心战略框架图

5. 核心使命和发展路径

联合国教科文组织国际工程教育中心(ICEE)的使命是建立公平而有质量的工程教育。将通过大学、企业和全球伙伴组织的合作，共同开展咨询研究、教育培训和网络拓展，不断扩大国际与社会影响力、学术与政策影响力，以及教育影响力(如图33所示)。

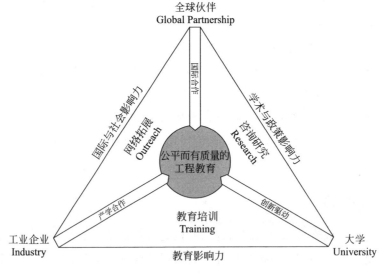

图33　核心使命与发展路径

制图：ICEE课题组

6. 主要职能

根据中国工程院代表中国政府与联合国教科文组织签署的协议,中心的主要职能如下:

智库型研究咨询中心:借助中国本土和国际工程教育丰富经验,以及世界各国的研究成果和成功经验,向国家政府和国际组织提供制订工程教育政策、战略、标准和制度方面的智力支持。

高水平人才培养基地:借助传统与新兴教育手段,充分利用并扩大中心的产学合作网络,创新人才培养模式,为发展中国家培养高端工程技术人才。

国际化交流合作平台:向联合国教科文组织的全体会员国开放,并强调非洲和性别平等这两个联合国教科文组织的总体优先事项,扩大工程教育全球交流和合作网络,促进工程教育知识、经验和资源的跨国家、跨地区和跨文化共享。

7. 治理结构

中心依据章程治理。实行理事会指导下的主任负责制,设顾问委员会、执行委员会和秘书处(如图34所示)。其中,秘书处为常设机构,挂靠在清华大学教育研究院。2017年5月22日第一届理事会会议通过中心章程,就中心机构设置做了原则规定。

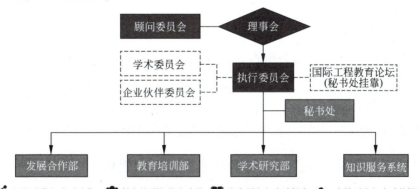

注1:实线为已设立机构,虚线为正在设立机构;其中学术委员会功能由顾问委员会暂代。
注2:知识服务系统与学堂在线合作

图34 国际工程教育中心组织构架

制图:ICEE 课题组

(1) 理事会

中心接受理事会的指导和监督,理事会任期3年,可连任。理事会由一名中国政府代表或其指定的代表(出任理事长),一名来自中国工程院的代表,一名来自中国联合国教科文组织全国委员会的代表,以及来自从事工程教育的中国高等学校、研究机构、产业界的代表,来自其他联合国教科文组织会员国的工程教育界代表,一名联合国教科文组织总干事代表等构成。

(2) 理事会职责

批准中心的战略规划;审批中心的年度工作计划与预算;审议中心主任提交的年度报告,包括中心对联合国教科文组织计划目标所做贡献的自我评价报告;决定中心执行机构,与联合国教科文组织总部商议后任命中心主任;审议中心财务报表的定期独立审计报告,监督提交此类编制财务报表所需的会计记录;颁布中心基本规章制度,确定中心财务、行政和人事管理制度;决定区域政府间组织和国际组织参与中心工作的相关事宜。

理事会定期举行工作会议,一般每个年度召开一次(可以远程视频会议方式进行),需至少由1/2的理事会成员与会,决议投票的通过须遵循简单多数原则;理事长可根据中心的运行情况召开临时会议,也可应联合国教科文组织总干事或其大多数成员的要求召开临时会议。

(3) 顾问委员会

顾问委员会委员由中外相关专家组成,为中心发展重大问题提供咨询,为理事会决策提供支撑。

(4) 执行委员会

设主任一名,全面负责中心工作,依据理事会建议制定和实施工作计划与年度预算。另设执行主任与副主任,协助主任开展工作。设秘书长一名,协助主任进行日常管理工作。

此外,为保障日常运行,中心制定秘书处工作办法。

(二) 国际工程教育中心的学术发展战略规划[①]

中心学术发展战略规划旨在开展学术交流和咨询,向政府和国际组织提供制订工程教育政策、战略、标准和制度方面的智力支持。

---

① 本部分的内容为《国际工程教育中心战略规划(2017—2020)》的学术发展专项发展战略规划。

战略成果：中心积极参与教科文组织成员国的工程教育活动、积极举办各种工程教育学术交流与探讨，为调整现有的国际工程教育框架，就共同关心的问题和实际的措施进行探讨，为成员国和教科文组织推进工程教育的质量与均衡做出贡献。

成果指标：与教科文组织合作，撰写与出版国际工程教育能力报告，编制国际工程教育发展状况的测量标准；应具体地区和发展中国家的要求，提供可作为政策执行依据的工程教育监测与评估报告。

挑战与机遇：工程教育遍布全球，但是全球化并未实现工程教育在世界范围内的均衡发展。工程教育对条件的要求，比如教师、实验室、实习场所，在不同地区和不同国家存在着巨大的差异，且在短时间内难以发生结构性改变。正因为如此，工程教育需要教科文组织的持续关注。教科文组织在世界范围内的教育号召力、与各工程教育组织的长期合作，使中心提供兼顾各方利益的解决方案成为可能，以确保国际工程教育的有效开展，并为所有会员国均能受益于工程教育提供便利。

要应对这一挑战，中心秘书处必须尽心尽力组织各种活动，为会员国提供高质高效的智力支持，制定出全面且兼顾各方利益的工程教育文件。目前拥有的机会是信息通信技术的新发展，使突破传统工程教育模式成为可能。通过提高成员国对工程教育问题的重视，为今后促进全球工程教育质量的提高与均衡奠定基础。

在学术发展战略规划方面，到2030年中心做到树立以国际论坛、全球报告、全球数据库为代表的高端学术品牌，出版《全球工程教育发展报告》等，对中国和UNESCO会员国的工程教育政策制定和院校改革产生重要影响。

多年来，中心立足清华大学，服务国家，放眼世界，传承创新，积极开展工程教育重大理论与实践问题研究，形成了较为鲜明的研究特色：前瞻性、跨学科、高水平的工程教育理论与政策研究，产生了一批体现清华工程教育研究风格、具有重要学术影响力和政策影响力的研究成果。

国际工程教育中心的建设基础是2008年12月成立的清华大学工程教育研究中心和2014年10月成立的中国工程院—清华大学工程教育中心。之前，早在1996年左右，相关研究人员参加了中国工程院若干重要咨询研究项目。

(三) 国际工程教育中心的人才培养战略规划①

中心人才培养战略规划旨在开展各种教育培训活动,为发展中国家培养高端工程人才。

战略成果:工程教育的目标是培养人才。要在世界范围内推动工程教育的均衡发展和发展水平,人才是最重要的成果。中心将致力于为广大发展中国家尤其是非洲国家培养适当的高端工程人才。

成果指标:中心将多方筹集资金,举办高端工程教育培训活动,包括为发展中国家设计有针对性的培训项目,并在可能的范围内,与有关单位合作,开设一定数量的工程教育或工程管理学位项目。

挑战与机遇:在制造业转型的时代,工程教育人才培养的挑战与机遇并存。许多先进国家出台的战略,比如德国工业4.0、中国制造2025、美国制造业振兴等,意味着前所未有的工程教育变革。工程教育必须面向未来,必须及时应对挑战进行改革,才能培养合乎新时代要求的合格的工程人才。上述挑战意味着世界各国对制造业的重视,更意味着各国对工程人才的重视与渴求,这是工程教育难得的历史机遇。

但是未来的困难也非常明显:传统的工程教育面临着地区间、国家间、性别间差异巨大的不均衡,在技术进步日新月异、行业发展极为迅速的时代,工程教育面临着培养适应产业改革的人才的重任,如何既适时适当地进行改革,又兼顾解决不均衡问题,显然存在着速度与空间上的双重困难。同时,工程教育对教育设施的特定需求、工程教育培训活动和学位班对资金的需要,都超过本中心的常规预算。因此,本战略目标对中心秘书处而言,将意味着巨大的筹款挑战和工作量。

在人才培养战略规划方面,到2030年中心做到建立稳定而有活力的国际国内合作网络,借助清华及境内外的合作机构的资源优势,利用传统与新兴技术手段(开放在线教育等),通过国际学位项目和短期培训,为发展中国家培养一批高水平工程人才。此外,中心还计划培养和造就一批在国际、国内工程教育界有重要学术影响力的资深专家和中青年学者。

---

① 本部分的内容为《国际工程教育中心战略规划(2017—2020)》的人才培养专项发展战略规划。

(四) 国际工程教育中心的发展基金战略规划[①]

面向新一轮科技革命和产业变革的重大挑战,特别是国家发展进入新时代,国际工程教育中心有义务和责任探索中国工程教育模式,传播中国工程教育声音,成为世界工程教育贡献中国智慧的历史重任。为支持国际工程教育论坛和中心的持续发展,我们面向社会各界募集"国际工程教育基金"。

国际工程教育基金将用于支持国际工程教育的如下事项。

第一,国际工程教育论坛。

双年论坛。组织筹备国际工程教育论坛及研讨会等相关费用,如支付国际专家咨询费、报告酬金、交通食宿、场地设备以及会议服务等。

国际合作交流。国际著名企业、国内大型国有企业及知名民营企业间的项目合作与参观互访,赴"一带一路"沿线国家调研考察等,积极促成跨国、跨区域、跨领域的产学研国际合作项目。

论坛秘书处运行。支持论坛的策划、筹备,国际机构和世界知名专家的日常联络事务,以及秘书处其他日常运行管理工作。

第二,国际工程教育中心。

工程教育奖学金。采用政产学国际机构合作新模式,设立企业冠名奖学金,支持"一带一路"沿线国家国际工程硕士学位项目。

教育培训。每年举办两次面向"一带一路"沿线发展中国家的高级培训。"发展中国家工程科技人才高级研修班"面向尼日利亚、南非、柬埔寨、泰国、巴基斯坦等国的政府部门官员和大学教师;"国际工程教育援外培训班"面向来自肯尼亚、赞比亚、孟加拉、巴基斯坦等"一带一路"沿线七个发展中国家的在华留学生。

高端智库研究。主要包括持续发布全球工程教育报告、建设与维护国际工程教育数据库。

中心运行。聘请具有国际视野、通晓国际事务、具有国际竞争力的高级研究人员、科研助理及专业化的行政人员。

捐赠人权益

捐赠人权益包括但不限于:

第一,邀请部分捐赠人进入中心企业家指导委员会、成为论坛赞助商。

[①] 本部分为《国际工程教育基金会募捐书》的重点内容。

第二，邀请捐赠企业和捐赠人参与中心与论坛活动，以主题报告、专题调研和产政学界研讨等方式，为国际工程教育贡献思想和经验。

第三，中心的研究成果与数据优先向捐赠者开放。

第四，依法抵税。"企业发生的公益性捐赠支出，在年度利润总额12%以内的部分，准予在计算应纳税所得额时扣除"。个人"捐赠额未超过纳税义务人申报的应纳税所得额30%的部分，可以从其应纳税所得额中扣除"。

截至目前，中心已与清华大学教育基金会共同制定了国际工程教育基金筹款方案，第一期计划拟定筹款5年3000万元，每年600万元，其中350万元用于中心建设，250万元用于支撑旗舰品牌项目"国际工程教育论坛"。

中心已经启动国际工程教育基金募集工作，邀请教育基金会、企业合作委员会协助中心开展基金募集，争取2019年底前完成500万元以上的进款，以便尽快开展国际工程教育论坛专职人员聘任和筹备工作。

六、合作机制

联合国教科文组织教育部门目前一共设有9个二类中心，本研究选取3个联合国教科文组织工程与教育领域二类中心——联合国教科文组织高等教育创新中心、亚太地区国际理解教育中心、非洲女童和妇女教育国际中心，对其有关合作机制进行了梳理与分析。

为推动亚太地区国际理解教育和可持续发展的实践，亚太地区国际理解教育中心（APCEIU）举办亚太地区国际理解教育培训研讨会、分区域国际理解教育培训研讨会、符合国情的能力建设研修班，以及为教育工作者和地方政府官员举办的GCED培训研讨会。通过对话形式的教与学过程，相互交流国际理解教育的经验。

为了推进性别平等和优质教育，非洲女童和妇女教育国际中心（CIEFFA）定期召开女童和妇女权利峰会性别问题研讨会及通过教育增强青年女性能力建设项目，具体包括：妇女扫盲、农村妇女教育、妇女权益保障等。CIEFFA通过不同的讲习班、培训、出版物和报告获得装备和能力，定期开展妇女教育国际论坛，在女童和妇女教育领域为实现全球目标而努力，及时分享非洲不同区域对女童和妇女教育领域的最佳做法和方法。

与校政企之间建立合作伙伴关系

联合国教科文组织高等教育创新中心开展合作伙伴协作的形式主要包括：整合专长，通过合作设计与实施国家、地区及全球层面的活动开展项目；直接的财政和实物捐助,包括人员借调、提供志愿者及设备等;协调与磋商项目细节,制定政策、标准和规范;共享外联和特定网络以支持教科文组织在重要优先区域与国家的倡议活动和政策对话;提供并受益于技术援助与咨询服务。

亚太地区国际理解教育中心已经在亚太和非洲地区的政府、企业、大学和联合国教科文组织相关机构建立了合作伙伴关系。来自印度尼西亚、马来西亚、尼泊尔、韩国、蒙古、俄罗斯、泰国等亚太地区国家的教育专家、学者以及国内相关研究机构的专家和教育工作者,围绕"全球化进程中的价值冲突与国际理解教育、国际理解教育促进国际化人才培养、国际理解教育与教育革新策略"等方面进行交流与合作。

非洲女童和妇女教育国际中心已经与南非、肯尼亚、赞比亚、坦桑尼亚、尼日尔、几内亚等14个非洲国家的政府、企业、大学,以及联合国教科文组织的相关机构建立了合作伙伴关系,共同为提升世界范围的女童与妇女教育,促进其教育公平而努力奋斗。

有针对性地展开系列业务活动

联合国教科文组织高等教育创新中心协助巴基斯坦联邦政府成立扫盲和非正式教育的二类机构,并完成申办教科文组织二类教育机构的文件起草和专家咨询任务。

亚太地区国际理解教育中心和韩国教育部展开合作,制定了亚太地区教师交流计划。该计划主要与印度尼西亚教育与文化部、马来西亚教育部、蒙古教育科学部、菲律宾教育部、泰国教育部及越南教育和培训部合作。

非洲女童和妇女教育国际中心成立性别平等和妇女赋权高级委员会(GEWE)。重点关注妇女与女童健康、实行义务教育和免费教育、支持保护女童免受侵害、性别歧视、学校内外的暴力、贫困、缺乏对性别敏感的学习内容和环境。

以上三个教育领域二类中心的比较如表8所示。

表8 与教育领域二类中心比较

机构名称	南方科技大学高等教育创新中心(ICHEI)	亚太地区国际理解教育中心(APCEIU)	非洲女童和妇女教育国际中心(CIEFFA)
聚焦领域	以信息技术推动高等教育创新	专注于国际理解教育	协调促进非洲女童和妇女的教育

续表

机构名称	南方科技大学高等教育创新中心(ICHEI)	亚太地区国际理解教育中心(APCEIU)	非洲女童和妇女教育国际中心(CIEFFA)
基本模式	学术驱动模式	学术驱动模式	政策驱动模式
合作伙伴	15个国际合作伙伴,2~3个国内合作伙伴	与亚太和非洲地区的政府、企业、大学和联合国教科文组织相关机构建立合作伙伴关系	与南非、肯尼亚、赞比亚、坦桑尼亚、尼日尔、几内亚等14个非洲国家的政府、企业、大学和联合国教科文组织相关机构建立合作伙伴关系
交流与合作	开展"高等教育信息通信技术:能力建设"研修班以及"亚非国家高校信息技术革新"研修班项目; 定期召开国际会议; 与合作伙伴开展业务活动与国际交流; 出版研究报告	召开亚太地区国际理解教育培训研讨会; 向会员国提供技术支持与援助; 定期召开国际会议; 与合作伙伴开展业务活动与国际交流 出版研究报告	开展青年女性能力建设项目培训; 定期举行妇女教育国际论坛; 与合作伙伴开展业务活动与国际交流; 出版研究报告

七、各中心战略规划的综合分析与启示

通过对上述联合国教科文组织二类中心的战略规划进行梳理,本研究发现,上述中心均申请并设立于21世纪,且集中于过去10年,都获得申请设立单位的大力支持。同时,上述中心由联合国教科文组织自然科学部门管理,业务性质相对接近,彼此间有密切的业务往来与国际合作。

上述中心的发展战略目标与功能定位清晰,既与申办和支持单位(丹麦奥尔堡大学、马来西亚科技部、清华大学、中国工程院)的职能密切相关,中心的工作内容也与支持机构的研究重点和特长有更直接的关联,并对支持机构的专长有推动作用。某种意义上,支持机构的内生动力是申请设立中心最直接的动力来源。此外,各中心均在经费和配套上得到了申办和支持单位的大力支持,这也是有力地推动了中心核心业务与支持单位业务重合的重要原因,详见表9。

表 9 国际二类中心对比分析表

中心名称与成立年份	支持单位与地点	中心业务重点	支持单位业务	中心目标	战略规划	资金
奥尔堡中心 2013	丹麦奥尔堡大学 丹麦奥尔堡	PBL教育	PBL教育	全球网络	2014—2020年	奥尔堡大学
ISTIC 2008	马来西亚创新与科技部 马来西亚吉隆坡	创新科技政策	科技政策	—	—	马来西亚政府
IKEST 2014	中国工程院 北京	工程科技信息	工程咨询	国际枢纽	—	中国工程院
国际工程教育中心 ICEE 2016	清华大学、中国工程院 北京	工程教育	工程教育 工程咨询	国际平台	2017 2020年	中国工程院、清华大学

制表：ICEE

值得指出的是，通常二类中心由一家单位申请设立并提供支持，但是国际工程教育中心是由清华大学和中国工程院联合申请设立，所以该中心的战略规划也表现出了双重特征，即工程教育培训学习和工程政策咨询研究。究其根本，这是两家申请单位的业务特长。易言之，国际二类中心的设立基础必须是申办单位的业务领域，这既限定了中心的业务方向，也保证中心能够得到申办单位的有效支持。实际上，二类中心也必须思考申办单位的业务重点，并以之规划自己的战略与实施。同时必须指出的是，二类中心在财务上对申办单位的高度依赖是一把双刃剑，既可确保有稳定的资金来源，但也限制了业务多元发展的可能性。

总体而言，国际工程教育中心的战略规划在上述四个中心中是最为全面的，业务领域也相对广泛。但是，其他中心的战略规划各有所长，符合各自的组织定位与业务特点。四个中心当中最晚设立的国际工程教育中心，其未来的下一期战略规划可参考其他三个中心已实施的战略规划，互相借鉴，互相促进。

总而言之，相对其他专门性国际工程教育组织在"二战"后60年里的缓慢发展，联合国教科文组织二类中心的大量出现是过去10年国际工程教育界的重要特征之一。这既表明国际工程教育界对联合国全球共同发展目标的认同,也表明本领域内国际合作的加强和国际合作网络的形成。就战略目标而言,对联合国2030可持续发展目标的强调与重视是各个二类中心的共识。因此,可持续发展与工程教育将是国际工程教育中心开展国际合作与发展战略的关键词。

第六章 结语与讨论

在人类历史上，工程为人类的发展和社会进步起到了巨大的推动作用。通过建造伟大的工程科技项目和推进工程科技研发，不仅培养了人才、提高了人类的生活水平，也为全人类的可持续发展做出了重大贡献。长期以来，以美国、德国为代表的发达国家的工业化水平在全世界居于领先地位，其工程科技和工程教育实力也一直占据世界领先地位。近年来，以中国、印度、南非、巴西等为代表的新兴经济体工业化水平不断加快，在世界经济格局中的地位不断攀升，在全球经济中的话语权不断提升，为工程教育和工程科技发展提供了更大的空间，开拓了新的可能。

但是，工程教育和工程科技发展的全球不均衡现象一直存在，这一格局并未因近年来少数新兴经济体的兴起而发生重大改观。21世纪以来，随着全球化进程的加深，工程科技领域的竞争随之加剧。国际竞争的核心是人才竞争，因此，工程教育的重要性前所未有地凸显出来。国际工程教育中心成立的宗旨便是推动工程教育在全世界范围内的发展，减少和缩小工程教育发展的区域不均衡、地区不均衡以及性别不均衡。在工业革命4.0在全世界范围内肇始之际，总结和回顾国际工程科技发展的历程、趋势与挑战，尤其是国际工程教育合作战略研究、讨论"一带一路"时代背景下的国际工程教育建设，将对我们未来工程教育的发展提供极为有价值的参考，为工程教育的发展布局提供可靠的依据。

虽然近代以来，中国的工程发展与发达国家相比曾经相对落后。但新中国成立以后，特别是改革开放以来，中国工程科技发展迅猛，大幅度提升了中国的综合国力和国际地位。三峡工程、西气东输、西电东送、南水北调、青藏铁路、高速铁路等一大批重大工程建设成功,大大加快了中国现代化进程。这些伟大工程不仅仅是中国工程科技的成果,也是国家工程科技人力资源开发和国际合作的成就。

2013年9月和10月,习近平主席在出访哈萨克斯坦和印度尼西亚时先后提出共建"丝绸之路经济带"和"21世纪海上丝绸之路"的重大倡议。中国政府成立了推进"一带一路"建设工作领导小组,并在中国国家发展改革委设立领导小组办公室。2015年3月,发布《推动共建丝绸之路经济带和21世纪海上丝绸之路的愿景与行动》;2017年5月,首届"一带一路"国际合作高峰论坛在北京成功召开。中国还先后举办了博鳌亚洲论坛年会、上海合作组织青岛峰会、中非合作论坛北京峰会、中国国际进口博览会等。近年来,共建"一带一路"倡议得到了越来越多国家和国际组织的积极响应,受到国际社会广泛关注,影响力日益扩大。"一带一路"倡议提出后,中国与沿线国家在工程相关领域的国际合作大量增加,跨学科跨国的工程科技合作成为沿线国家的共识。随着企业开始关注和参与全球工程市场,工程科技人才需求空前旺盛。如何将中国的工程教育规模优势转换为质量优势和国际合作优势,如何在"一带一路"倡议的背景下,通过与沿线国家合作培养工程科技人才,也成为国际工程教育中心必须思考的重要问题。

以上即为本课题的重点考量与时代背景。本课题所研究的主要内容为分析国际工程教育与工程科技的发展现状、特点、问题与趋势,梳理国际工程教育组织的基本情况与治理模式,探讨国际工程教育组织的战略规划;总体目标是全面了解和掌握培养符合战略需求的工程科技人才,才能更好地服务国际工程教育领域的合作与交流。这既是国际工程教育中心成立的时代背景,也是中心的根本宗旨所在。

一、工程教育国际合作的主要趋势

通过对发达国家、各新兴经济体和各专业国际组织近年来所发布的工程科技和工程教育的国际合作报告的梳理,课题组发现日本每百万居民研发人数(5500人左右)领先其他国家,德国次之,美、英、法研发人数低于日德两国,但差距并不明显;中国全时研发人数居世界第一,美国、日本次之,俄罗斯居第四;美国的研发投入高居世界第一;日本研发强度居世界第一,德国、美国次之,法国居第四,中国居第五。

在工程教育领域,中国普通本科工科毕业生人数位居世界第一,印度次之,美国与巴西分别居第三、第四。但需要指出的是,工程教育的规模与人口基础密切相关。日本、德国、英国、法国以及俄罗斯的本科工科毕业人数较少,即与其工程教育规模相关。同时,工程教育的发展也与所在国的教育支出有关,其中美、英、法三国的教育支出占 GDP 最高。

尽管工程教育的国际数据有限且个别国家的数据存在比较严重的缺失问题,但总体而言,由于国家间工程教育发展长期以来存在差距,一直以来,国际工程教育合作更多呈现持续的单向性特征,即发展中国家向发达国家的单向学习和工程教育师生的单向流动;同时,发达国家所输出的不仅是工程教育理念,也输出课程实践以及工程教育项目,易言之,全球工程教育的基本图景主要由工业发达国家所决定。该一趋势在未来一段时间里仍将持续,难以发生根本性变化。与此同时,由于工程问题的全球性,工程教育的国际合作也日益呈现了全球化的趋势。

二、工程教育领域的代表性国别项目研究

近年来,发达国家高度重视工程教育。美国提出了"2020 工程师"计划、工程教育联合体(EEC)计划、加强 STEM 教育体系的国家行动计划等;欧盟提出了加强欧洲工程教育计划、欧洲工程的教学与研究计划;英国提出了培养 21 世纪工程师计划;日本和韩国也提出了相应的工程教育计划。

工程教育领域的重点国别项目主要由工程教育发达的国家提出,尤其是美德两国。美国工程教育先是总结和提出了 21 世纪工程领域所面临的 14 项大挑战,进而在 2009 年由美国工程院提出了"大挑战学者项目",提出了新世纪工程师的五项胜任力:研究与创造、学科交叉能力、商业与企业家精神、跨文化能力、社会意识。此后,美国工程院在全世界多个国家的工学院和工科院校开展相关项目训练,中国也有北京航空航天大学等校加入该计划。

德国提出了工业 4.0 概念,作为德国的再工业化战略,是一个产、学、研三方面共同制定的集合型战略,是工业化与信息化的产物,核心是网络化、信息化和智能化。工业 4.0 对德国的工程教育体系提出了新的挑战,既要求有教育范式的转型,也要求课程体系的调整和工程教育目标的转变,核心是培养适合工业发展的现代复合型人才。由于德国工程教育的重要地位,德国工业 4.0 概念自提出后即引起了全世界工程教育界,包括中国在内的高度关注和持续讨论。

三、"一带一路"与工程教育国际合作

"一带一路"倡议是新时代中国政府提出的新型国际合作计划,旨在通过加强"一带一路"沿线国家的各种合作,互联互通,建设创新、发展、共赢之路,共同建设人类命运共同体,以实现全人类的可持续发展。为此,中国政府自2013年起出台了一系列措施,鼓励与"一带一路"沿线国家展开各种合作,并已经获得了沿线国家乃至联合国大会的高度认同。首届高峰论坛以来及第二届"一带一路"高峰论坛召开期间,各国政府、地方、企业等达成一系列合作共识、重要举措及务实成果,中国作为东道国对其中具有代表性的一些成果进行了梳理和汇总,形成了第二届高峰论坛成果清单。清单包括中方打出的举措或发起的合作倡议、在高峰论坛期间或前夕签署的多双边合作文件、在高峰论坛框架下建立的多边合作平台、投资类项目及项目清单、融资类项目、中外地方政府和企业开展的合作项目,共6大类283项。

在工程教育领域,由于沿线许多国家比较薄弱的STEM基础,需要大力加强工程教育。国际合作是"一带一路"建设的关键,也是实现可持续发展的关键。面向未来,加强不同国家间、机构间、组织间、学校间的国际合作,凝聚更多的国际共识,鼓励更多人投入工程教育和工程事业,是共建"一带一路"倡议的关键所在。跨学科、跨领域的国际工程教育是工程教育国际合作的趋势所在。

从中国空间技术研究院国际工程师培养、中国交建集团马来东海岸铁路项目和中国土木集团工程项目"亚吉模式"等"一带一路"沿线国际工程合作项目来看,对跨文化复合型的工程科技人才需求已成为"一带一路"工程人才培养的大趋势,今后中国的工程教育必须以此为参照,综合考虑培养目标与培养内容,同时要注意工程技术人员专业水平的提升和工程技术人员的本地化培养,以实现中资企业和沿线国家的双赢。

四、国际工程教育合作的新挑战

从"一带一路"倡议的实践来看,该倡议总体上为沿线国家的工程教育国际合作提供了巨大的空间,并引起了全世界的广泛关注。但是,相关实践也揭示了一些普遍性的人才挑战,比如技能型人才供给不足、高端人才特殊人才匮

乏、外派人员全球胜任力缺乏、工程人才国际流动受限等。对这些挑战的应对是否得当,将决定未来"一带一路"倡议中工程教育国际合作的效果和成效。

"一带一路"对中国工程教育提出的挑战不是局部的,而是全局性和结构性的。为应对上述挑战,建议在现有的工程教育体系和框架下进行战略考量和战略部署,大力增加对全球胜任力、跨专业和跨文化能力的培养,同时,还要通盘考虑对工程技术人员国际认证资格的改进与拓展,以期在"一带一路"倡议的推动与落实过程中,既在人才的数量上能够满足培养需求,更要在质量上实现一定的提升,全面实现工程教育的新时代责任和培养目标,将中国的工程教育提升到一个新的层次,实现从工程教育大国向工程教育强国的转变。

五、国际工程教育组织治理模式

当前,世界范围内存在着许多不同层次、不同级别、不同性质的国际工程教育组织。本研究对若干世界工程教育组织及联合国教科文组织二类机构,如世界工程组织联合会(WFEO)、国际工程教育学会联盟(IFEES)、欧洲工程教育学会(SEFI)、全球工学院长理事会(GEDC)、美国工程教育协会(ASEE)、联合国教科文组织高等教育创新中心(ICHEI)等进行系统的梳理,并对其组织和决策结构以及选举程序等进行了整合性分析。

研究发现,决策机构对国际工程教育组织的健康和可持续发展起到了决定性作用,既是各个国际工程组织的权力来源,也是其权力分配模式。同时,当前的国际工程教育组织在一定程度上呈现出了多维治理模式的特征,并可归纳为多种基本的治理类型:会员大会模式、理事会模式,以及政府参与模式。不同的治理模式各有特点,模式的决定性因素是其组织目标和组织任务,并与组织的性质密切相关,更与组织的资金来源高度相关。

当前的国际工程教育组织的互动与合作呈现出一些共同特征:各个国际工程教育组织对国际合作积极投入与高度卷入,彼此间有密切的往来与合作;全球性国际工程教育组织利用信息新科技,积极推动区域性工程教育合作的发展走向深入,并创造性地开展专题性工程教育国际活动。这些特征表明,国际工程教育组织对全球工程问题和工程教育问题的积极应对,不但有助于在工程教育共同体内凝聚共识,也有助于更加有效地推动全球问题和挑战的解决。同时,值得指出的是,对联合国2030可持续发展目标的认同,是各个国际工程组织进行广泛合作和深入交流的重要基础。

六、国际工程教育中心发展战略

随着全球化的加深和对全球问题的应对,在世界范围内已经产生了一系列的工程教育类国际组织。在联合国教科文组织框架内,尤其是在其教育部门和自然科学部门辖下,经批准设置了众多该组织的二类中心,比如国际工程教育中心、基于问题的学习与工程科技可持续发展中心、国际工程科技知识中心、国际南南合作科技政策中心等。

通过对联合国教科文组织二类中心的战略规划进行梳理,本研究发现,相对国际工程教育组织在"二战"后70年里的缓慢发展,联合国教科文组织二类中心的大量出现是过去10年国际工程教育界的重要特征之一。这既表明国际工程教育界对联合国全球共同发展目标的认同,也表明本领域内国际合作的加强和国际合作网络的形成。就战略目标而言,对联合国2030可持续发展的强调与重视是各个二类中心的共识。因此,可持续发展与工程教育将是国际工程教育中心国际合作与发展战略的关键词。

这些中心的发展战略目标与功能定位清晰,既与申办和支持单位(丹麦奥尔堡大学、马来西亚科技部、清华大学、中国工程院、深圳市)的职能密切相关,中心的工作内容也与支持机构的研究重点和特长有更直接的关联,并对支持机构的专长有推动作用。此外,各中心均在经费和配套上得到了申办和支持单位的大力支持,这应该也是重要的因素。

总之,在中国工程院和清华大学的大力支持下,在全球工程教育界同仁的充分沟通与合作中,我国工程教育研究将秉持既定宗旨,密切追踪和研究中国工程教育以及全球工程教育的范式转换与趋势变迁,以高质量的智力支持和高水平的政府咨询,在世界范围内致力推动工程教育的区域间与性别间均衡发展,切切实实为推动共建"人类命运共同体"和联合国各项可持续发展事业做出贡献。

展望未来,共建"一带一路"既面临诸多问题和挑战,更充满前所未有的机遇和发展前景。共建"一带一路"一定会走深走实,行稳致远,成为和平之路、繁荣之路、开放之路、绿色之路、创新之路、文明之路、廉洁之路,推动经济全球化朝着更加开放、包容、普惠、平衡、共赢的方向发展。在此背景下,探讨国际工程教育中心的未来建设,既有时代意义、更具实践意义。

附录1 国际工程教育组织的章程（节选）

一、世界工程组织联合会（WFEO）

1 简介

在遵守世界工程组织联合会章程的前提下，这些规则应由执行委员会制定，并通过大会修改。

2 联合会的管理

会议的举行，即规则，见附件 A。

2.1 会员大会

大会通常每两年举行一次例会（奇数年），时间从9—11月，由一个与世界工程组织联合会签订合同的国家会员组织主持。

2.2 执行委员会

执行委员会应在每次会员大会前后举行会议，并在会员大会之间每年举行一次会议。

关于世界工程组织联合会章程，第6条，第1款"6个国际成员国应各自任命其在执行理事会的代表"，即：

— 联合会工程师委员会（CEC）
— 欧洲国家工程协会联合会（FEANI）
— 非洲工程师组织联合会（FAEO）
— 阿拉伯工程师联合会（FAE）

— 亚洲及太平洋工程机构联合会(FEIAP)

— 泛美工程协会联合会(UPADI)

2.3 执行理事会

执行理事会应在执行委员会会议之间举行会议,并应理事长或至少3名有表决权的理事会成员的要求,通过电话会议召开会议。

2.4 工作语言

英语是联合会的工作语言。联合会不收取费用,主持会议可以安排翻译为一种或多种的语言。与会代表可以用另一种语言发言,并免费提供英文翻译。

2.5 选举

a. 投票通过举手表决。

b. 记名投票将在以下情况下进行:主席要求或至少5名联合会成员要求时进行。当进行记名表决时,每个代表团的表决应记录在会议纪要中。

c. 必须进行无记名投票:在选举执行委员会官员和成员以及至少5名联合会成员要求的其他情况下。选举程序详情见议事规则附录B。

d. 如果当选代表因健康不佳或其他原因不能完成任期:

（ⅰ）如果与主席有关,当选主席将递补空缺。章程第6B条。

（ⅱ）如果与当选主席有关,大会将在下一届大会上选举一位新主席。

（ⅲ）如果涉及一名国家会员代表,该职位将继续空缺,直到下一届大会。

e. 附件B描述了包括选举执行委员会官员和成员的代表的投票过程。

2.6 财务管理

a. 联合会的所有账目和资金将在财政年度结束后的6个月内由独立审计师审计。

b. 联合会的年度预算应:由财务主管与财务委员会和执行理事会协商编制;由执行委员会提议;并经大会批准。

c. 主席将通过一份具体的两年期文件向执行理事授予在核准预算内支出资金的授权。本文件将说明执行理事应向执行理事会申请批准的最高金额。

d. 资金支出应按照财务主管制定的程序进行,并经执行理事会同意。获得授权者须填写一份详细报表,包括所有重大开支的收据,并做出全面说明,在财政年度终结后3个月内呈交执行理事会。

2.7 主席

3.1、3.2和3.3中明确规定主席在委员会中无投票权;应明确联合会官员和执行理事的职责;可任命个人和理事会在主席任期内提供建议和协助;当联合会成员邀请时,可代表联合会。在联合会成员和相关国际组织邀请下,在情况和时间允许的情况下,可代表联合会。

2.8 财务主管

除了上述2.6中确定的该职位职责外,财务主管还负责:

a. 规划和管理联合会财政事务。

b. 遵守联合会的财务条例和依法制定联合会计财务条例。

c. 监督联合会财务记录的内部审计。

d. 支持和接受联合会财务记录的外部审计,并报请执行委员会批准。

e. 提供和监督联合会安排财务方面的一般准则的遵守情况,例如与大会和执行委员会会议的东道主以及接受联合会资金的委员会和团体的遵守情况。

2.9 内部审计员

内部审计员应具有独立的职能,对联合会建立的内部业务进行评估和审查。内部审计员必须是独立的,与任何被评估的活动无关,以确保向管理层提供公平公正的判断。内部审计师直接向执行委员会报告。内部审计师应与外部审计师联络。

内部审计员应作为观察员出席联合会会议。但是,内部审计师每年至少应与外部审计师单独会面一次,无须任何执行委员会成员在场。

内部审计员应从执行理事会成员中选出。

内部审计员可以不受限制地访问联合会开展的所有财务活动,以便审查、评估和报告:

a. 内部控制制度及其运作的充分性和有效性。

b. 遵守与相关金融活动有关的既定政策、计划和程序、法律和法规。

c. 联合会资产和利益在最大程度上得到解释和保护,免受浪费、奢侈、低效管理、欺诈和其他原因造成的损失。

d. 财务和管理信息的适宜性、可靠性和完整性,以及用于识别、分类和报告此类信息的方法。

e. 当前使用和正在开发的计算机系统的完整性,以确保计算机处理和相关文书程序提供充分的防错和防欺诈保护。

f. 被审计财务单位及其组织是否履行其职能。

g. 为弥补内部审计发现的缺陷而采取的后续行动。

理事会授权内部审计师调查内部审计活动范围内的任何活动,并授权其从任何成员或雇员处寻求所需的任何其他信息。

通过理事会,内部审计员有权获得外部法律或其他独立的专业顾问,并在必要时确保这些专业人员的出席。

2.10 执行理事

执行理事应:

a. 执行理事会、执行委员会,以及联合会成员有信誉良好的会员(第8条第 d 节)。

b. 收到无法在大会会议上代表的联合会成员的委托投票请求,并向主席和提名委员会主席报告合格的委托书。

c. 保存联合会的记录;监督记录的妥善存档;监督联合会网站的维护和更新;满足联合会法律登记政府的法律报告要求。

d. 为大会、执行理事会和执行委员会准备议程和文件,获得主席的批准,并及时分发给各自的成员,通常在主题会议前两个月;准备和分发会议纪要,通常在主题会议后两个月。

e. 与主办国协商联合会会议和联合会认可的会议的安排。

f. 在经批准的联合会预算和财务主管提供的指导方针范围内拨付资金;在收到资金并给予适当授权之前,不得根据与外部资金来源(包括捐赠、赞助和补助)的经批准安排支付款项。

g. 定期向执行委员会报告执行理事办公室活动的细节。

h. 尽可能使用电子邮件与官员、执行委员会成员和联合会成员沟通。

3 委员会和工作组

3.1 以下委员会是理事会委员会

(一)财务委员会

(二)评奖委员会

(三)提名委员会

(四)治理委员会

(五)战略规划委员会

(六)支持和审查委员会

（七）常务技术委员会

（八）政策执行委员会

a.理事会委员会成员应由6名成员组成,成员应有地域代表性、适当的专业知识和经验为基础,但常务技术委员会和政策执行委员会主席委员会除外,其成员将由常务技术委员会和政策执行委员会主席组成。

b.委员会主席和成员应在获得各自成员组织的认可后任命。

c.主席应向执行委员会推荐各委员会主席。执行委员会应根据各主席的建议任命各委员会的成员。主席和成员的任命应由执行委员会批准。

d.这些委员会应向理事会和执行理事会报告。各委员会的职责和职权范围见程序规则附件C。

e.执行委员会视情况设立工作组,以处理特定的任务或项目。职权范围视任务定。工作组的初始任期为两年,最长不得超过4年,此后,执行委员会可撤销或续签工作组。

3.2 常务技术委员会

a.联合会的技术活动由常设技术委员会执行,这些委员会涵盖工程和技术的特定领域。它们是联合会工程和技术专长的核心。其活动和成果的质量应证实全球对世界工程组织联合会的认可。

b.工程技术的不同技术领域的动态发展,知识的发展带来了新的技术领域。如果其他常设技术委员会尚未涵盖或未充分涵盖其将从事的领域,应鼓励建立新的科技中心,为其工作提供足够的专业标准。

c.委员会主席必须是一名工程师,具有处理与委员会具体活动相关的问题的经验,并且具有与常务技术委员会主题领域相适应的资格和经验。委员会主席将由东道国国家成员组织提名。委员会成员将为委员会带来一定量的技术,并得到其国家成员组织的承认。常务技术委员会主席应为执行理事会成员。

3.3 政策执行委员会

a.政策执行委员会应处理与工程专业实践相关的各种社会、经济或其他非技术问题,这些问题需要联合会采取行动。这些委员会实施的项目预计将对工程专业和更广领域产生影响。

b.委员会主席必须是一名工程师,在处理与委员会具体活动有关的问题方面具有经验,并且具备与政策执行委员会主题领域相适应的资格和经验。

委员会主席将由东道国国家成员组织提名。委员会成员将为委员会带来适当的技能,并得到其国家成员组织的承认。主席将是执行理事会成员。

3.4 常务技术委员会和政策执行委员会的要求

a. 常务技术委员会或政策执行委员会经大会根据执行理事会的建议批准,可以设立或撤销。

b. 联合会成员不能同时主持多个常务技术委员会或政策执行委员会。

c. 常务技术委员会、政策执行委员会每届任期4年。如果委员会继续实现联合会的战略目标,经大会提议和批准,任期可再延长4年。这些条款从相关大会会议的日期开始和结束。

d. 提名常务技术委员会和政策执行委员会主席需要得到世界工程组织联合会执行委员会的批准才能任职。

e. 各委员会的绩效要求应由执行委员会制定,并由支持和审查委员会使用。

f. 委员会主席不得代表联合会签署任何合同或承诺。根据第2.6条,主席和执行理事拥有授权代表团。

g. 常设技术委员会和政策执行委员会的进一步程序以及支持和审查委员会的职责见附件C。

4 主持会议

请联合会成员向执行理事提交主办会议的建议:符合附件D要求的执行理事会或大会;符合附件E要求的世界工程师公约(WEC)和世界代表大会;以及讲习班、研讨会和会议。执行委员会应就其决定向执行委员会提出建议,并应在执行委员会决定后6个月内完成适当的合同安排。

5 名称和标识;技术文件的复制

只有经执行委员会批准,才能使用世界工程组织联合会的名称和标志。

附件A 议事规则

简介

本议事规则旨在协助会议的有序进行。它们符合世界工程组织联合会的章程及其议事规则。附件A中未规定的事项应按照罗伯特的《命令规则》

(www.roberts rules.com 或 http://westsidetoastmasters.com/resources/roberts_rules/toc.html)中规定的程序处理。

秩序规则提供了一个框架,在这个框架内可以进行有意义的讨论和决策。这种形式的第一个也是最明显的形式是让会议按照议程中规定的顺序进行。世界工程组织联合会章程和议事规则规定了制定议程和处理日常事务的程序。除自动作为例行程序提出的事项、上一次会议所发生的未了结的事项或事务外,其他事项通过动议的方式提交会议。

主要动议和修正案

可能有多种动议类型。有些是程序(内务)动议,有些是主要(实质)动议。

基本上来说,一项动议便是一份正式提案,旨在投票表决某一事项拟采取的行动,或正式通过某项议题的某项政策。一旦一个议题通过一项动议提交会议,并且该动议得到另一位合格的有表决权的成员的附议,则可以对该议题进行讨论,并在必要时做出决定。由于主要动议有时是不完善的,或引起不同意见时,以修正机制进行调节。

1. 主要动议

如大会任何成员已获主席承认,且该项提案已获通过,则该成员可提出动议。如果在会议前没有其他提案,并且与议程上的下一个或当前项目有关,则主要提案是有效。由主席决定动议是否有效且另一成员也支持该动议。一旦动议和附议并被认为是有效,可以进入讨论。重要的是一项动议只有在获得附议后才能讨论。

2. 关于主要动议的辩论

一旦在会议前通过动议和附议,正式提出该问题,所有的讨论以该动议为主题。提出动议人有优先发言的特权。如果主持会议的人希望参加辩论,他或她必须为此放弃主持。然后,指定人员担任主持和投出任何决定票,直到该特定议案付诸表决,此时原主持恢复其职能。

3. 打断辩论

一旦一个成员有了议员资格,他/她就不能被打断,除非他/她违反了任何秩序规则。发生这种情况时，主席或任何成员都可能介入辩论。在演讲者恢复发言之前，必须向其解释违反和补救措施。

4. 对主要动议进行表决

主席有责任允许畅所欲言。辩论接近结束，主席将组织对讨论的问题进行表决。投票的方法取决于组织的习惯。有时进行无记名投票比记录举手表决更好。一般来说，主席有足够的发言权或举手表决权。如果任何成员对公布的结果有异议，主席要求记录投票。一项主要动议需要获得有权投票的出席者多数赞成票方可通过。一旦一项动议通过表决，成为大会的决议。决定后的问题不能在同一次会议上再提。

5. 修正案

主要动议一旦在会议前提出，就可以修改。成员可以自由地提出他们的观点，直到主要动议准确地反映了大多数人的意愿。要提出修正案，成员必须首先以常规的方式获得发言权。已经发言的发言人不能被打断提出修正案。修正案必须像一项主要动议一样被动议和附议，并有明确的措辞。要被接受，它必须获多数赞成票。如果修正案被否决，原主要动议将自动在会议再次召开之前提出。如果修正案获得通过，主要动议将自动以变更后的形式提交会议。辩论要么就主要动议，要么就另一项修正案继续进行。

6. 修正修正案

传统的议事规则允许成员提出对修正案的动议。然而，很少有如此复杂的修正案须去修正。在几乎所有情况下，这种动议都可以作为单独的修正案处理。修正案本身不可修正。

除主要动议外，还有其他各种根据其在辩论中的优先顺序排列的动议。

其他类型动议

主席可决策的动议还有其他几种，主要为三类：附属动议、特权动议和附带动议。

a. 附属动议

附属动议是特殊动议，其讨论是在主要动议的前提下进行。除了简单的辩论和投票，他们提供了不同的方式来处理一个主要的议案。附属动议有7

种类型,且具有等级排序。排序的基本原则是避免混淆。当某项附属动议悬而未决时,上级的所有动议都是有序的,下级的所有动议都是无序的。从最低排名1到最高排名7对动议进行编号。

(1) 无限期推迟

这项动议的目的和效果是在没有实际投票反对的情况下与主要动议相悖。这项动议是有争议的,不可修改,只需多数赞成票。不能推迟对主要动议的辩论。

(2) 修改

这种广泛使用的辅助动议的使用前面已经被讨论过了。

(3) 承诺或者转介

这项动议的目的是将主要动议送交委员会。提出或提交的动议应包括关于委员会的规模、选择委员会成员的方法、职权范围以及委员会必须何时向大会报告的信息。这项动议是有争议的、可以修正的,需通过多数赞成票。

(4) 必须延迟

这项动议是指将会议前对该项动议的讨论推迟到某一特定时间的主要动议。这项动议是有争议的,是可以修正的,需通过多数赞成票。

(5) 限制或者扩大辩论

这项动议赋予大会成员权力,对辩论施加限制或消除一些已经存在的限制。这项动议没有争议,可以修改,需要2/3的赞成票。

(6) 先决问题

这项动议的目的是立即结束辩论,并对问题做出表决。这项动议没有争议,不可修改,需要2/3的赞成票。如果通过,届时正在辩论的议案将立即被投票通过。一旦上一个问题得到解决,就不允许再进行任何形式的辩论。

(7) 搁置问题

这是附属议案中排名最高的。它的作用是暂时搁置主议案和与主议案有关的任何附属议案。暂搁置的动议只能通过成员的动议再次提起。这种动议的主要用途是允许会议转移到另一项事务上,即使当前的问题没有得到解决。这项动议是无可争议的,不可修正的,需要多数赞成票。

b. 特权动议

特权动议高于附属动议和主要动议。他们从不直接涉及任何悬而未决的问题,而是被给予优先权,因为他们处理的问题需要立即被关注。特权动议必须立即决定。有5项特权动议,其中也有一定的等级。影响附属动议的排序原则也适用于特权动议。当一个特定的动议提出时,高级别的动议是有序的,低级别的动议是无序的。从最低排名1到最高排名5对运动进行编号。

(1) 当天提议

当辩论偏离了当天的顺序(即议程)时,使用此动议。任何成员都可以提出异议,不需要经主席的认可。主席必须立即组织投票。该动议不可辩论,不可修改,除非以2/3的否定回应搁置,否则必须应一名成员的要求强制执行。

(2) 提出特权问题

特权问题是关于全体大会或任何个别成员的权利、名誉、安全、舒适等的问题。主席必须立即决定这件事实际上是不是一个有效的特权问题,然后采取适当的决定。除非主席的决定被上诉,否则没有投票权。该动议不可辩论,不可修改,如果主席的决定被上诉,则要求通过简单的多数赞成。

(3) 休息

休息是程序中的短暂间歇。休息的动议必须是关于时间的具体动议。这是没有争议的,需要多数赞成票。休会后,会议从休息结束的那一刻开始。

(4) 休会

休会动议用于在其他时间、地点或日期结束会议或继续会议。直到主席宣布"会议休会",会议才真正结束。这项动议没有争议,也不可修改,需要多数赞成。如果没有成员提出异议,主席也可以在新议程结束时结束会议。

(5) 确定休会的时间

当分配给会议的时间不足以处理该期间议程上的所有事务时,有时需要在下一次例会之前完成该议程中的一些项目。在这种情况下,决定休会时间的动议被采用。它规定了延期会议重新召开的时间和地点。这种会议必须在下次例会之前举行。这项动议是有争议的,是可以修正的,需要多数赞成。

c. 附带动议

这类动议主要涉及程序问题不以任何特定的方式排列;它们在出现时即被处理。最常用的三种动议是:

(1) 规则

当辩论和程序规则被违反时,主席有责任执行适当的规则。主席或任何个人成员可以打断发言者提出一个观点。一旦发生违规行为,必须立即提出动议。主席必须就这一点做出裁决,然后辩论才能继续。秩序问题不可争论,也不可修正。主席在决定某项规则是否已被违反之前,必须提供完整的解释,并可将该问题提交大会。在这种情况下,需要多数赞成票。

(2) 对主席的决定提出上诉

对主席的裁决可以上诉。上诉的目的是推翻主席的决定。提起上诉需要两个人:一个人提出动议,另一个人再次提出动议。为使裁决有效,必须在裁决后立即对主席的决定提出上诉。这是不可修正的,需要反对票推翻主席的决定。

(3) 暂缓执行

当一个大会想要做一些违背其常规议事规则的事,但其不与本组织的基本章程或细则相冲突时,可采用暂停规则的动议。暂停规则的原因通常是为了让演讲者在某个特定的时间被接收,或者处理一件不正常的事情。这项动议既不可辩论,也不可修改。如果动议要中止《命令规则》,则必须获得 2/3 的赞成票。如果该动议要中止普通的常设规则,则只需简单的过半数通过即可。

附件 B

1. 提名时间表

就下次大会召开前所需的时间而言:

a. 10 个月:执行理事向所有联合会成员分发所有当选职位空缺的通知,具体日期如下。

b. 7 个月:执行理事(1.a)向所有联合会成员重复发出通知。

c. 6 个月:向执行理事提交提名的最后日期,并提供完整的证明文件。

d. 5 个月:提名委员会主席并向提名委员会成员分发提名,以决定任何建议。

e. 4 个月:提名委员会的报告连同任何建议送交执行理事会审查,包括有待选举的职位名单和已获成功提名的候选人名单。

f. 4 个月:提名委员会的报告连同任何建议和候选人的资料,由执行理事分发给联合会所有成员。

2. 选举提名:程序和标准

a. 国家成员有资格提名执行理事会和执行委员会选举候选人。这些候选人必须是正式授权的国家成员代表。必须提供一封由该国家成员的行政长官或主席发出的信,说明该候选人是一名正式授权代表,并被批准提名该职位。

b.所有提名必须得到至少两名其他国家成员的支持,并得到提名人的同意。

c.提名和/或支持提名的国家成员必须具有良好的信誉。

d.提名应包括拟提名的成员代表的同意、候选人的资格和经验,特别是他们对成员组织、国际工程组织和世界工程组织联合会的服务。

e.任何被提名为执行理事会成员的人应至少参加过一次大会。

f.任何被提名为当选主席或执行副主席的人应至少担任一届执行委员会成员。

g.担任委员会主席的候选人必须辞去其他职务。

h.所列六个国际成员国应在执行理事会中任命自己的代表。代表必须由国际成员正式授权。在每次大会之前,必须提供一封确认代表姓名的信,由拟提名的成员代表的同意书、代表的资格和经验,特别是代表对其成员组织、国际工程组织和世界工程组织联合会的服务提供证明。根据第1(c)条。

i.个人可以被提名担任多个空缺职位。但是,一个人只能就任执行理事会的一个职位。一旦被选入某一职位,在该职位期间,将不会被考虑担任其他职位。

j.提名应包含一张照片和一页个人信息。特殊区域提名中还应注意包括语言在内的专业知识。

k.必须提供(a)至(i)中所列的完整文件,供各职位的候选人根据第1(c)款的规定寻求选举提名和国际成员提名。

3. 提名候选人的批准

提名委员会将监督选举过程,并应:

a.审查所有提名,确认所有候选人都有资格参加选举,并在截止日期前提交相关文件。

b.向执行委员会、执行理事会和大会报告其对选举提名过程的监督情况,以及已提名的候选人已按照第1(e)和1(f)条以及第2(a)至(i)条完成有效提名的必要要求。

c.建议进行选举,因为已经提名了多个候选人被任命担任某一职位。

d. 在提名候选人及其选举过程中,确保透明度和遵守议事规则。

e. 在审查每一位候选人的文件、确认其准确性和完整性以及确保在适当的选举时,进行尽职调查。

f. 如有必要,就正当程序问题向主席和/或执行委员会提出质询。

4. 在选举中投票的资格

a. 提名和/或支持提名的联合会成员应保持良好的声誉。

b. 如果联合会成员具有良好的信誉,他们有资格在选举中投票。提名委员会将公布准确的日期和时间,作为已批准的选举候选人报告的一部分。

c. 提名委员会必须在大会开始4周前,编制一份有资格在选举中投票的联合会成员的初步名单,并向所有联合会成员提供相应的建议。

5. 投票数

每名符合资格的成员在选举中有1票。

6. 代理投票

a. 在大会会议期间,可以请代理人进行表决。给予其代表的联合会会员(不参加大会)和行使代表权的其他联合会会员(参加大会)必须是信誉良好的联合会会员(参见《章程》第8条第1款)。

b. 任何联合会成员不得代表两名以上的联合会成员行使代表权。

c. 根据第4b条的规定,在大会开始投票前,必须按规定的格式向提名委员会主席提供委托书。

7. 投票

提名委员会将向各成员提供一份关于以下职位的报告:

根据第1(e)条,必须在大会之前进行选举。

每一个需要选举的职位都将有单独的投票。这些通常是:

(ⅰ)当选主席

(ⅱ)执行副主席

(ⅲ)执行理事会的国家成员代表

由于不同职位可能有多次提名,每次选举结果后根据需要准备选票。

7a. 当选主席和执行副主席的投票程序

选举主席和执行副主席职位的单一可转让投票程序。

a.每名选举人均获一张纸制选票,并在每名候选人的姓名前加上一个方框。

b.候选人按国家成员的字母顺序排列,然后是候选人的姓名。

c.选举者必须按优先顺序排列候选人。

d.从 1 开始,依续编号。

e.不要求对所有候选人进行排名。

f.选民没有其他编号。

g.如果选票中的两名或两名以上候选人的排名相同,则投票无效。

7b. 国家成员代表的投票程序

a.如果有 M 个空缺,所有选举人都需要在选票上投票选出 M 个空缺。

b.投票数少于 M 的选票无效。

8. 监票人

a.候选人可以提名委员会主席批准的形式书面任命一人作为候选人的监票人。

b.监票人有权出席并观察纸质选票的开场和点票情况,有权查看选票总数。

c.监票人不能获得用于构成投票总数的个人选票。

d.提名委员会主席就与审查有关的事项做出的决定是最终决定。

9. 选票计数

在所有联合会成员投票后,提名委员会主席必须:

(ⅰ)从投票文件确认每项投票均来自有资格投票的联合会会员。

a.放弃任何非联合会成员的投票。

b.接受并确保投票文件的安全。

c.根据议事规则第 7(a)至(g)条,确定每一票是否以有效方式投票。

(ⅱ)担任单一职务(如当选主席、执行副主席等)。

a. 将使用手动计数过程。

b. 单一可转让投票系统将用于确定选举结果。

（ⅲ）对于多个职位的选举（即执行理事会的国家成员代表）。

a. 将使用手动计数过程。

b. 对每名候选人的有效选票总数进行计算。

c. 投票数最高的候选人将宣布当选。

d. 如果全国会员代表职位空缺超过 4 个,那么投票数最高的 4 名候选人将被选为 4 年任期,其余的将被选为两年任期,以确保根据规则在执行理事会的经验的连续性。

（ⅳ）平局时投决定票。

主席将提前向提名委员会主席提供他/她的所有公开选举职位的排名。该排名将在任何职位出现平局投票时使用。

10. 无效票

a. 投票文件不是世界工程组织联合会为选举而签发的。

b. 在投票时,成员不遵守第 7 条规定的指示。

11. 结果声明

a. 提名委员会主席应就选举结果编写一份报告,并提交大会。

b. 选举结果的批准将记录在大会会议记录中。

c. 选票将在大会闭幕后 24 小时内销毁。

附件 C 理事会、常务技术委员会和政策执行委员会

1 理事会

1.1 地位和权力

《议事规则》第 3 条所列的每个理事会对世界工程组织联合会执行委员会和执行理事会负责。本附件进一步澄清了这些委员会的成员、组织、运作和报告要求、职能、角色和责任。

1.2 会员和组织

各理事会委员会的成员和组织如下：

a. 委员会由 6 名成员组成,但常务技术委员会和政策执行委员会主席委

员会除外：一名主席、一名秘书和4名额外成员。常务技术委员会和政策执行委员会主席委员会应由一名主席、一名秘书和常务技术委员会和政策执行委员会的其他主席组成。该会员资格应以地域代表性以及适当的专业知识和经验为基础。

b.委员会成员由委员会主席任命。如果是常务技术委员会和政策执行委员会主席委员会，则应自动任命各个常务技术委员会和政策执行委员会的所有主席为成员。委员会主席和成员应在获得各自成员组织的认可后任命。委员会成员应向委员会主席报告。

c.主席和成员的任命应由执行委员会批准。

d.委员会成员通常任期4年。成员可再获委任，任期为4年。执行委员会可要求主席和/或委员会成员在任期内不能履行其职责时辞职。

e.主席可从委员会成员中任命一名副主席，在主席缺席的情况下，亲自或通过电子方式主持会议。主席应通过执行理事计划和组织会议和议程。

f.根据规则，主席是执行理事会的无表决权成员。

1.3 操作

a.每个委员会应至少每年举行一次会议，通常在执行理事会开会时举行。如有需要，每年其他时间应以电子方式召开会议。

b.委员会不应向年度面对面会议或参与其工作的酬金支付差旅费。

c.委员会主席可被要求参加世界工程组织联合会执行委员会和执行理事会的会议，以提供有关计划行动和活动的最新信息。主席可以委派其他委员会成员代表他/她出席世界工程组织联合会执行委员会和执行理事会的会议。

d.委员会应每年在执行理事会年度会议上向执行委员会和执行理事会提交一份书面报告。

1.4 理事会委员会的职责

1.4.1 财务委员会

财务委员会应由联合会财务主管(主席)、主席、当选主席和3名由主席任命的执行理事会成员组成。执行理事应为无表决权成员。内部审计师有权作为观察员出席所有财务委员会会议。财务委员会的职责包括：

a.联合会财政需求计划。

b.鼓励并了解促进联合会创收活动的努力。

c.监督联合会两年期预算的编制。

d. 审查和监督联合会财政收入和支出、资产负债表、投资和其他与其持续偿付能力有关的事项的改进。

e. 监督投资策略。

1.4.2 颁奖委员会

颁奖委员会的职责包括：

a. 积极有力地监督促进世界工程组织联合会的提名。

b. 审查收到的提名，并通过执行委员会向执行理事会推荐获奖者，包括适当的引文。

c. 审议联合会关于新奖项的建议，通过执行委员会向执行理事会提出适当的建议，包括标准、介绍安排和相关宣传。

1.4.3 提名委员会

提名委员会应负责提名和选举过程，以确保良好的管理、透明度和遵守所在国法律。

提名委员会的职能是：

a. 对《议事规则》规定的提名和选举程序以及所在国法律要求的责任。

b. 审查提名并确认所有候选人在截止日期前提交了相关文件。

c. 向执行委员会、执行理事会和大会报告其对选举提名程序的监督情况。

d. 在提名候选人及其选举过程中，确保透明度和遵守议事规则。

e. 在审查每个候选人的文件并确认其准确性和完整性时进行尽职调查。

f. 如果在委员会会议上未能令人满意地解决正当程序问题，则向主席和/或执行委员会提出疑问。

提名委员会的职责如下：

a. 有责任(通过报告)通知联合会成员有资格的候选人空缺职位。

b. 负责向联合会会员国通报大会合格选民和接受的代表名单。

c. 有权获得联合会秘书处的资源，执行选举进程的任务。

d. 主席必须在选举前和选举期间收到所有可能的事件、错误、欺诈或影响选举过程的任何事情的报告。这些违规行为需要尽快向执行委员会报告。

e. 为了实现良好的治理，在选举过程中，委员会必须在决策过程中集体行动，并且必须独立于执行委员会行事。

f. 选举过程结束时，主席在委员会成员的支持下正式确认所有选举结果。不能确认一个或者多个选举结果的，宣布具体选举无效，并重复进行。

1.4.4 治理委员会

治理委员会应审查和维护联合会章程和议事规则,以确保其保持当代性,反映最佳现行做法,并符合所在国法律。

治理委员会应:

a. 接受执行理事和执行委员会的转介。

b. 考虑转介是否符合规则要求,并向执行委员会报告拟议的行动方针和时间表(如有任何变动)。

c. 起草变更草案。

d. 在向执行委员会提交提案供执行理事会或大会做出决定之前,广泛协商。

e. 不时审查治理文件,以确保更好用于实践。

1.4.5 战略规划委员会

(ⅰ)审议战略计划

a. 战略规划委员会应审查现行战略计划,并在必要时进行修订,使其与联合会的目标保持相关,在这样做时,应广泛协商,并在适当的情况下纳入尽可能多的对策。

b. 经修订的战略计划必须经执行委员会和执行理事会批准,并建议下一届大会批准。

(ⅱ)监督战略计划的实施

a. 战略计划应由联合会秘书处、常设技术委员会、政策执行委员会、工作组和其他委员会和小组根据各自的职责实施。

b. 应与员工、委员会和工作组协商,制定措施,监督战略计划的实施进度。应寻求实际成果,并制定具体项目和倡议的完成时间表。

c. 应至少每年提供一份书面报告,说明正在取得的进展。

1.4.6 支持和审查委员会

支持和审查委员会应定期审查《章程》和《议事规则》中规定的与常设技术委员会(常务技术委员会)和政策执行委员会(政策执行委员会)业务有关的工作、活动和职责,以支持执行委员会在向其提出建议时所做的决定。

委员会应在执行理事的支持下,为实现联合会及其战略计划的目标,提供:

a. 定期报告所有常务技术委员会和政策执行委员会活动的进展情况,包括向执行理事会和大会提交的报告的质量和及时性,特别注意那些进展不太合理的委员会,包括其广泛的联合会成员、适当的国际区域领导结构、充分的行政和财政支持、规划/安排/举行技术专题会议和技术专题报告。

b.就评估拟议的新东道国以建立一个面临东道国可能过渡的委员会提出的建议,以及就与最新东道国协调以维持和加强委员会的持续和新工作向新东道国提出的建议。

c.对那些进展不太顺利的委员会,就改善其进展所需的优先努力提出具体建议和支持。

d.在有必要的情况下,建议在没有取得合理进展的情况下移交委员会的东道国。

e.在有必要的情况下,建议在委员会的活动不再符合联合会的目标时取消委员会。

1.4.7 常务技术委员会和政策执行委员会主席委员会

常务技术委员会和政策执行委员会的主席应定期召开会议,讨论委员会之间的合作项目。

a.常务技术委员会和政策执行委员会的主席委员会的成员应为常务技术委员会和政策执行委员会的主席。

b.常务技术委员会和政策执行委员会的主席应出席每年延长的理事会会议以及每年的执行理事会/大会。

c.常务技术委员会和政策执行委员会的主席应在其他时间以电子方式召开会议。

d.常务技术委员会和政策执行委员会主席委员会的主席应根据《议事规则》第3.1条提名。主席的提名任期为2年。允许连任2年。

e.常务技术委员会和政策执行委员会主席委员会应保存会议记录,以通知所有常务技术委员会和政策执行委员会的成员。

f.常务技术委员会和政策执行委员会主席委员会的主席应每年向执行委员会提交一份关于委员会取得的成果和未来项目计划的书面报告。

2 常务技术委员会和政策执行委员会

2.1 主持人职责

东道国成员应通过以下方式支持委员会:

a. 任命委员会主席和秘书处。

b. 监督主席和秘书处对委员会的管理,确保有足够的资金支付相关费用,包括委员会的活动和项目、办公设施、议程的编制、会议记录的编制和通信。

c. 确保有足够的旅行基金供主席出席适当的执行委员会、执行理事会和大会会议。

d. 确保委员会提供与联合会有关的成果,并确保委员会的满意表现符合联合会的战略目标和政策执行委员会与联合会的政策目标。

e. 继续支持 a、b、c 和 d 所述的委员会和主席,如果执行理事会同意委员会应继续第 2 个 4 年任期。

f. 如果在两个 4 年任期结束时,执行理事会同意委员会应与一个新的东道国继续合作,则在任期结束时确定并征聘一名国家成员以取代东道国,以维持委员会的工作继续进行。

2.2 委员会主席职责

委员会主席应负责:

a. 从各自的联合会成员中招募委员会成员,并得到其认可。

b. 向联合会秘书处提供适当的内容和一份将列入联合会网站的最新委员会成员名单。

c. 从不同于东道国和领导特定项目的国家成员中任命 4 名副主席。

d. 为委员会制定和实施一项四年战略计划,以支持联合会的目标,确定委员会的重点和预期可交付成果的具体主题,采取适当的绩效措施和目标,并得到东道国和/或其他来源的充分资金支持。

e. 向执行委员会、执行理事会和大会提供关于战略计划执行情况的书面年度进度报告。

f. 每年至少举行一次面对面会议。

g. 与其他委员会(常务技术委员会和政策执行委员会)主席协调活动。

h. 每两年向联合会秘书处提供关于委员会工作成果的资料,供联合会两年期报告之用。

i. 常务技术委员会或政策执行委员会的主席可以委托委员会的另一位官员代表他/她出席执行委员会和执行理事会的会议。

2.3 会员

a. 国家成员必须具有良好的信誉,才能被纳入委员会成员。

b.联合会成员可通过执行理事与主席沟通,提名常务技术委员会和政策执行委员会的成员。

c.委员会成员最多可包括专家、专家、学术界和青年工程师团体的 3 名无表决权成员(由主席酌情决定)。

d.非正式会员可作为无表决权成员参加。

2.4 常务技术委员会和政策执行委员会职能审查

支持和审查委员会将向常务技术委员会和政策执行委员会主席和委员会提供支持,如第 1.4 条所述。

附件 D 主持大会和执行理事会会议

1. 联合会国家会员国可以多在两年前向执行理事提出主办大会或执行理事会会议的建议。

2. 东道国的国民政府有必要不限制与会代表的旅行。为方便入境,东道国会员国应发出邀请函。

3. 东道国会员国应支付执行理事和联合会工作人员在会议期间的旅费和住宿费,以及执行理事在会议前合适的时间检查筹备工作和场馆等设施的状况。东道国会员国应提前 6~7 个月确定一名负责人与执行理事合作,促进联合会会议的顺利组织,处理邀请函、登记、旅行、签证、酒店、会议室、特殊要求和其他相关事宜。

4. 联合会大会会议的首选时间是:

第一天委员会、工作组会议

第二天委员会、工作组会议

第三天执行理事会会议

第四天大会(第一天)

第五天大会(第二天)+执行理事会会后大会

在大会或执行理事会会议期间,不应安排与大会会议无直接关系的技术事件,此类事件不应干扰委员会和工作组会议。

5. 执行理事会单独会议的首选时间是:

第一天委员会、工作组会议

第二天委员会、工作组会议；执行委员会会议(如有要求)

第三天执行理事会会议

这一时间安排允许在执行理事会会议之前或之后技术事件。

6 会议室

6.1 各委员会、任务组和其他人员的会议，会议室的数量应符合要求，每个会议室应为理事会类型(桌子周围的椅子或 U 形装置)，加上最多 10 名观察员(第二排椅子)。

6.2 执行理事会会议

一个可容纳 70 人的房间，U 形可容纳 35 人，外加最多 50 名观察员(第二排椅子)。

6.3 大会会议

一个可容纳 200 人的教室或房间；一个可容纳 7 人的主席台；可坐 90 个国家代表团的椅子和桌子(每个最多 2 名代表)，以及桌子周围或后面一排座位上最多可坐 40 名观察员。席位的顺序应该是国家成员按国家名称字母顺序排列，然后是国际成员按字母顺序排列，最后是附属机构。开幕式(如有)可在剧院式房间举行，座位至少为 200 人。

6.4 执行理事会在大会后举行的会议

一个可容纳 35 人的房间：U 形装置，加上多达 10 名观察员。

7 会议室设备

7.1 每个会议室应配备与会议室大小相称的麦克风/扩音器。

7.2 执行理事会和大会会议室应配备适当的录音系统，并在会议后向执行理事提供支持。

7.3 大会和执行理事会会议室应提供翻译服务，如果使用的语言不是英语。

7.4 如有需要，每个会议室应配备电源、投影仪、屏幕、投影仪和笔记本电脑。录像机和电视机应需求提供。

7.5 大会会议应设国家名称台签，执行理事会会议应设个人名称台签。

7.6 附属公司应在不提及国家的情况下设立具有组织名称的理事会。

7.7 大会会议期间,应安排一张两人用的文件桌,放在主席台附近。执行理事会会议期间,应安排一张供一人使用的文件桌。

8 秘书处

8.1 秘书处应在会议室附近提供一个房间,可容纳最多4个人的单独工作场所。

8.2 为主席和/或官员提供一个房间。

8.3 从会议开始前一小时到会议结束后两小时,秘书处应配备两名或两名以上英语(可能还包括法语)流利的助理,以获得秘书处的支持。

8.4 如果大会会议室没有配备个人话筒,会议期间应配备4名助手,用手握住话筒。

9 秘书处设备

9.1 两台(或多台)计算机,带 Microsoft Office 软件包,一台打印机,可访问互联网(限制使用)。

9.2 可接入国际网络的电话和传真(限制使用)。

9.3 一台大容量影印机,Recto Verso,装载系统。

9.4 文具(复印纸、订书机、钢笔等)的供应。

9.5 大会投票箱。

10 其他

10.1 晚宴应由邀请大会和/或执行理事会成员以及其他个人参加的国家成员组织。晚宴通常在大会第一天之后举行,或在执行理事会会议期间的执行理事会会议之后举行。

10.2 所有会议都应包括咖啡休息时间。所有会议均提供免费的便餐或低成本午餐。

11 合同和财政捐款

11.1 联合会与东道国会员国应至少在活动开始日期前12个月签订具有具体要求的合同。

11.2 本合同应包括一项条款,将最多 10% 的赛事注册费或商定的同等总额重新分配给联合会。

附件 E　世界工程师大会和世界代表大会

1. 由一个国家成员提出的主办世界工程师大会(National Member to host at World Engineers Convention ,WEC)或世界工程组织认可的世界代表大会的建议,应尽早提交执行理事;对于主办 WEC 的建议,应至少提前 6 年提交。对于主办世界代表大会,应至少提前 5 年提交。

2. 大会可以与执行理事会会议、常务委员会会议同时举行,也可以单独举行。自 2011 年起,世界经济合作委员会将与大会联合举行,并继续以 4 年为一个周期,即:2015 年、2019 年等。

3. 对 WEC 或世界代表大会的基本要求是,主旨演讲人应享有或值得享有全球声誉,国会对其主题采取全球方法,并吸引听众。此外,东道国成员国政府有必要不限制与会代表的自由旅行。为方便入境,东道国会员国应安排一份政府认可的邀请函。

4. 有关拟议 WEC 或世界代表大会的详细提案应按照以下指南提交。

5. 建议将受到支持

a. 有强有力的国际组织委员会的;

b. 在世界工程利益问题上有强有力的计划;

c. 东道国国家成员承担全部财务责任;

d. 向发展中国家的代表提供某种形式的机票费、住宿费和国会费支持;

e. 如果大会与执行理事会会议同时举行,则应向联合会提供适当的场地。

所需提案和信息指南

召开 WEC 或世界代表大会的提案应按照以下准则提交执行理事:

1. 提出时机

(1) 首选和备用日期

(2) 不与其他会议冲突

(3) 现行机票价格和折扣

(4) 会议时间及与其他事件的关系

(5) 气候

2. 拟议东道国

(1) 种族、性别、肤色、宗教、国籍等方面的平等待遇

(2) 政治稳定

(3) 经济稳定

(4) 货币稳定与可兑换性

(5) 公共交通/基础设施

(6) 空气安全记录

3. 提议的主题和发言者

(1) 大会拟议主题

(2) 主题对世界工程师的重要性

(3) 音响设备的预期来源

(4) 本地和海外的最低预期出勤率

(5) 建议注册费:区分全额和学生

(6) 工作语言

(7) 计划出版论文

(8) 计划邀请论文数量

(9) 社会计划和合作伙伴计划

(10) 支持联合会会议和出席费用

(11) 支持发展中国家代表

4. 提议的组织

(1) 国家工程组织的支持

(2) 其他国家和商业组织的支持

(3) 国家或地方政府的支持

(4) 国际组织或其他国家组织的支持

(5) 金融承销

(6) 技术组织组

(7) 管理组织组

(8) 类似事件的当地经验

5. 拟议地点

(1) 会场所处的城市和位置

(2) 会场容量

(3) 会议室数量和容量

(4) 演讲和演讲准备设施

(5) 海报会议空间

(6) 展览计划,靠近会议地点

(7) 为联合会活动提供的设施

(8) 酒店住宿和价格

(9) 学生住宿和费用

二、国际工程教育学会联盟(IFEES)

第一条 名称和使命

1.1 该组织的名称是国际工程教育学会联盟,以下简称"IFEES"。IFEES 是一个国际性、非营利性、非政府组织,根据总部所在地(目前为美利坚合众国)的法律运行。

1.2 IFEES 的使命是提高会员组织的效能,为全球工程教育的改善做出贡献。

1.3 为了实现其使命,IFEES 可以接受馈赠、资助和遗产,拥有财产,并且在得到必要许可的前提下,通过公共和其他来源筹集资金。

1.4 IFEES 的官方语言是英文和主办单位国家的语言。

第二条 会员资格

2.1 IFEES 是一个机构会员组织,拥有五类会员:

a. 作为国家和国际会员组织的工程教育类组织,具有广泛的工程教学和/或工程教育机构基础,其主要目标是改进和支持工程教育。

b. 特殊利益类组织,如:工程学生组织;以上述或限定方式推动工程教育的组织,这些组织侧重于具体议题(如工程伦理,工程学科专门组织)或开展具体活动(例如会议)或没有广泛的会员基础。

c. 公司合作伙伴类组织,是员工工程教育和培训有兴趣的组织和公司。

d. 工程专业类组织,除工程教育组织以外的类别包括区域联合会和基金会。

e. 政府实体类组织,向支持和/或对工程教育和培训感兴趣的政府和准政府组织开放。

2.2 申请会员资格将提交秘书长,秘书长在确定资格后,将向主管人员提交申请批准。会员资格自主管人员批准之日起生效。

2.3 IFEES 希望会员推动协会的目标实现。会员应:
- 鼓励会员与合格组织积极参与 IFEES 活动;
- 参加执行委员选举;
- 接受 IFEES 特设委员会和特别兴趣小组的任务;
- 利用 IFEES 的沟通渠道;
- 通过贡献文章支持 IFEES 的出版物;
- 有助于传播全球工程教育信息;
- 从事其他活动,以促进协会的宗旨。

2.4 不同类别会员的年费将由执行委员会提出,并由会员大会中受影响的组织以多数票通过。

2.5 任何会员可以书面通知秘书长或主席退出 IFEES。退出将在拟退出组织会员的现有期限结束时或退出组织规定的任何较早日期生效。

2.6 如果会员在经书面提醒之后在到期日期后的一年内未能支付年度会员费,或者会员不遵守这些规章,则执行委员会可以立即终止其 IFEES 会员资格。或者由执行委员会另行决定以对 IFEES 目标有害的方式行事。终止会员后,被终止的会员有权通过电子邮件向与秘书处联系的会员大会提出申诉。

2.7 从 IFEES 退出或终止的任何会员放弃对 IFEES 资产的任何权利。

第三条 行政机构

3.1 IFEES 的决策机构是会员大会(以下简称大会)、执行委员会和主席团会员。IFEES 活动的总体管理和政策的执行将由执行委员会负责。

3.2 主席将主持会员大会、执行委员会会议和主席团会员的会议。

第四条 会员大会

4.1 各会员组织将选出一名个人代表该组织参加全会员大会。在会员大会的任何会议上,每个会员组织将有 1 票。但是,如果选择一人来代表多个组织,那么该个人只允许投票给其中一个组织。任何这样的个人必须选择一个单独的组织来投票。

4.2 会员大会的年会将在会员所组织的国际会议和座谈会期间举办,每年一次。主办单位将负责年会的所有相关费用。年会将由执行委员会召集。会员大会的会议可以是亲自参加、通过电话会议或两者的组合。

4.3 会员大会将在年会上选举执行委员会会员,这些候选会员须经提名委员会筛选。1/2 的执行委员会会员每年将轮流选举。每个执行委员会会员将任期两年,最多可连任两届。那些无法参加会员大会的会员,可以致函前任主席和秘书长。

4.4 在偶数年期间,会员大会将从提名委员会在年会上筛选的那些候选人中选出当选主席。当选主席将在随后的奇数年召开的会员大会年会结束时担任主席职务。在任期结束时,主席将担任前任主席。

4.5 召开大会前,至少应提前 4 周就会议议程与会员进行沟通。会议的日期、地点、议程和方式,不迟于会议召开前 2 个月通知。

4.6 大会将在会议上审议 IFEES 的总体政策,并讨论工程教育的前景和发展。

4.7 每次全体大会会议的法定人数是 IFEES 会员的 1/4。

第五条 执行委员会和全体大会

5.1 执行委员会将对 IFEES 的总体政策进行定义,并对 IFEES 的运作和管理提供全面的指导和监督,但须经大会批准。

5.2 执行委员会委员包括:

- 主席;
- 当选主席(偶数年)或前任主席(奇数年);
- 8 名其他机构会员和从大会选出的 2 名公司会员;
- 秘书长,没有投票权;
- GEDC 主席(当然表决权);
- 国际工程学术发展研究院 IIDEA 的一名主任,IIDEA 将被允许作为观察员参加执行委员会会议,但没有投票权。

5.3 执行委员会的职责包括:

- 提出不同类别会员的年费,经会员大会批准;
- 通过预算并确定年度行动计划的一般准则,经会员大会批准;
- 批准财务报告,及秘书长和总部工作人员免责事宜;
- 决定从 IFEES 开除会员;

- 开展其他活动,进一步推动组织的目标。

5.4 在执行委员会每年选举结束后的第一次会议上,主席将从其会员中提名若干副主席。这一提名应由执行委员会确认。但是,如果执行委员会不赞成,主席和执行委员会协商确定副主席。第一副主席将担任司库。

5.5 每位IFEES副主席对执行委员会的主要领导工作、IFEES的工作与计划的一个或多个方面负责。

5.6 提名过程和选举程序将在执行委员会通过的规则下予以界定,通常由最近的前任主席主持。提名委员会将由执行委员会在提名选举大会召开6个月之前任命。

5.7 如果执行委员会委员出现空缺,主席将任命一名替补人员。

5.8 执行委员会每年至少召开一次会议,或应至少4名执行委员会会员的要求召集。

5.9 执行委员会的会议,可以亲自参加或通过电话会议或两者的组合。如果组织的有效运作是必要的,执行委员会的电子邮件或传真投票可以由执行委员会会议之间的答复者的多数投票方式进行;这些投票必须在下一个亲自参加的执行委员会会议上确认。

5.10 召集执行委员会会议,至少提前一个月与执行委员会会员沟通议程。

5.11 可设立特设委员会,根据执行委员会制定的一般原则进行特别任务。特设委员会由会员执行委员会决定。主席和特设委员会会员由主席任命,经执行委员会多数投票确认。

5.12 执行委员会会议的法定人数为其有表决权的会员的50%加上1名(7名会员)。

第六条 高管人员

6.1 IFEES将由主席、当选主席或前任主席、四名副主席和秘书长(不表决)组成。

6.2 如果主席不能履行任职条件,第一副主席将担任代理主席。如果该人不能服务,代理主席由执行委员从其会员中选出。如果当选主席不能担任这一职务,执行委员会将要求特别选举主席。

6.3 高管人员的服务期限是选举至新任主席当选的时间。

6.4 高管人员负责制定所有IFEES相关会议的议程,以及为有效运作IFEES所需的其他活动。高管人员对执行委员会的活动负责。

6.5 高管人员的会议可以亲自参加,或通过电话会议参加,或两者的组合。

第七条 秘书长和总部

7.1 秘书长将负责 IFEES 的日常运作。

7.2 秘书长将由执行委员会任命。任期3年,除非秘书长以全体执行委员会2/3的表决方式予以解聘;秘书长可以不经通知地辞职。秘书长可以连任额外任期。

7.3 秘书长办公室是 IFEES 的总部,并将设在 IFEES 的驻在国。

7.4 秘书长将任命 IFEES 一般运作所需的辅助人员。

7.5 秘书处的办公室可从成立之日起每5年轮换一次。秘书处的变更将由执行委员会酌情决定,并附有表决程序。

第八条 财务与行政管理

8.1 IFEES 的收入来源于:

- 会员费;
- 驻在国政府当局的支持;
- 公共和私人资助与捐款;
- 礼品和捐赠;
- 在 IFEES 组织的会议、研讨会和其他活动中收取注册费与其他费用;
- 执行委员会批准的其他来源。

8.2 IFEES 的财政年度将依照总部所在国家法律规定进行。

8.3 秘书长从属于执行委员会,将负责 IFEES 的账目,并将在执行委员会会议之前的4周内向组织的主管人员提交财务账目。秘书长将不迟于执行委员会会议前两周提交报告。

8.4 执行委员会授权的常规行政活动的 IFEES 签署人将是秘书长。对于所有其他文件,签字人应为秘书长、主席或第一副主席。

第九条 修改、解散和解释

9.1 在获得全部执行委员会2/3的赞成票后,可以经大会法定人数的多数票通过对本章程进行修改。

9.2 关于对这些章程进行修改的提案,可以由 IFEES 任何缴纳会费的会员提出。提案将不迟于执行委员会会议讨论前两个月以书面形式提交给秘书长。

9.3 IFEES 可被会员大会 2/3 多数票表决解散。IFEES 解散时,剩余的资产将被捐赠给一个非营利组织,该组织需同意使用资产来进一步推动执行委员会确定的 IFEES 目标。

9.4 对条款解释的任何分歧,由执行委员会处理。

三、欧洲工程学会(SEFI)

章程

名称和总部

第 1 条 简介

该章程用于国际非营利组织"欧洲工程学会"(European Society for Engineering Education, SEFI)的组织管理和运营。

该协会的注册办事处位于比利时布鲁塞尔 1000 号德鲁埃格里斯街 39 号。其在比利时的官方地址和总部所在地应经理事会批准,并将根据 1921 年 6 月 21 日的法律在比利时国家公报的附件中公布。本章程应根据比利时 1921 年 6 月 21 日关于非营利组织、国际非营利组织和基金会的法律(第 46—58 条)制定。

目标和活动

第 2 条 目标和活动

该学会的目标是促进欧洲工程教育的发展和改进,以及提升从事工程教育和工程领域人员的社会声誉。

为达成目标,学会开展如下活动:

a. 就工程教育问题提出意见和建议,影响欧洲工程教育。

b. 提供适当的工程教育服务和信息。

c. 发展和改善所有工程教育合作伙伴(学生、教师、研究人员、学术机构——研究性机构和实践性机构——相关组织和企业)之间的沟通、交流和合作。

d. 做好其成员与欧洲和世界其他社会或组织之间的纽带。

e. 为招收优秀的工程教育类学生做出贡献。

f. 促进高等工程教育国际化发展。

会员

第 3 条　会员类别

四类成员：

a. 机构会员：欧洲高等教育机构、教育和培训工程人员的教育机构。

b. 个体会员：从事工程师教育的个人。

c. 企业会员：职业或学生组织或其他工程类相关组织，适用于工程师教育，以及不符合申请机构会员资格标准的教学机构。

d. 工业或相关行业会员：企业、行政部门和工程师机构。

第 4 条　会员资格申请

a. 除第 5 条情形外，会员的申请不受限制。

b. 申请详细流程见细则。

c. 符合第 3 条情形之一，或符合理事会规定的其他情形的。

d. 会员资格由理事会按照规定授予。会员名单提交每年召开的大会。

理事会决定接纳成员的条件：

a. 其目标、章程、活动符合工程教育理念，促进工程教育发展的职业组织、联合会、企业以及相关人员。

b. 个人会员具备该领域的资格、职能、责任。

申请加入为新成员意味着认可学会的章程、对章程的任何修订，承诺促进学会的发展。

第 5 条　会员资格终止

会员资格终止：

- 应会员申请。
- 逾期两年内不缴纳会费。
- 应大会经理事会成员做出的决定。

第 6 条　会员的权利和义务

- 会员须向学会缴纳会费。
- 会费因会员类别和规模不同而异。
- 缴纳会费时间应为加入学会的第一个月，或每个会计年度的第一个月。

- 缴纳会费之前,暂停投票权。
- 会员投票权因会员类别而异。详见细则第 3 部分。

会员大会

第 7 条　大会的权力

会员大会有绝对权力,以达成学会目标的实现。

其特殊权力有:

修正章程

修改细则

依章程第 5 条,终止会员资格

理事会成员的选举、任免

选举大会主席

选举大会副主席

选举财务主管

批准账目和预算

批准成立工作组、常务委员会和理事会,及其职责和目标

批准解散工作组、常务委员会和理事会

批准年度报告

学会的解散

第 8 条　大会会议召开

大会每年在欧洲举行一次,安排在交通便利的地方。会议地点在大会主席正式签署或以其名义签署的通知中告知,并至少提前 8 天将会议议程、日期下发。

大会应 1/5 会员要求,召开由主席主持的特别会议。

大会召开通知至少提前 8 天以信函、传真、电子邮件或其他通讯方式下发,通知中注明会议议程、日期、时间和地点。

会员可由代理人代表与会。

会员代理人只能由同类别的会员代表。

但是,依据第 9 条规定,任何会员不得代表其所持票数的 10 倍以上。

第 9 条　投票

各会员国在大会上根据其所属类别,及其所在机构/公司为机构/工业会

员登记的学生/雇员人数,拥有一定数量的投票权,投票权的数额在细则(第3部分)中说明。

第 10 条 审议

大会如涉及议程中未列明的事项,或与会会员、代表过半数表决反对,则不得通过该项决议。

除章程规定的情况外,决议须由出席或由代表出席的会员以过半数票通过,并须向学会所有成员公布,且登记在册,由学会主席及会议秘书签字。本登记册须备存于学会的注册办事处,备会员使用。

第 11 条 工作组—常务委员会—政务委员会

大会经理事会提议,可以决定设立或者撤销工作组、常务委员会、政务委员会,并制定其职责和任务。

第 12 条 理事会

负责学会总政策的机构是理事会。

理事会由理事长一名、副理事长两名、最多由大会选举的 21 名普通成员组成。

理事会成员不少于 6 人。

理事会 2/3 的成员必须是学会的正式会员。

理事会成员的提名程序在细则中规定。

大会秘书长和财务主管出席理事会会议,但无投票权,除非其当选为理事会成员。

即将离任的理事长有权在其任期结束后,作为观察员且无表决权的情况下,继续在理事会任职两年。

大会经 2/3 以上通过,可以随时撤销理事会成员。

第 13 条 理事会会议

理事会每年至少召开两次。

会议通知应在会议召开至少前 10 个工作日以信函、传真、电子邮件或其他通信方式发出。通知应当注明会议议程、日期、时间和地点。

只对议程上列出的事项做出表决。

理事会的所有会议通常由理事长主持。

理事长缺席或无法工作时,应按学会细则的规定履行职责。

会议主持人任命一名秘书。

成员可向理事会的另一名成员授予代表权。任何成员不得拥有两个以上的代表权。

至少 1/3 的与会成员通过的决议才生效。

理事会的决定由出席或代表出席会议的多数成员通过。

每名成员有一票(如果他/她代表理事会的另一名成员,则为两票)。

如果票数相等,理事长或以该身份行事的人有决定性的一票。

会议决议必须正式记录在册,并由主持会议的理事长和秘书签字。

本登记册须备存于学会的注册办事处,备会员使用。

第 14 条　理事会成员的选举

每年理事会成员更新 1/3,由理事会选举产生,任期 3 年。

成员在任期届满前离任,可由其他成员中选举。

理事连续连任两届后,不能再连任。

理事的职位没有报酬。

第 15 条　理事会的权力

理事会具有一切行政权力,但须经大会批准。其特殊职责包括:

— 学会总政策,包括批准 SEFI 工作组和政务委员会的政策

— 监督学会活动和年度会议

— 支持工作组和政务委员会工作,并核实其活动符合学会利益

— 募集资金

— 提交大会的年度报告、临时预算和账目

— 批准将提交大会决定的所有办事处的候选人资格

— 秘书长的任命

— 设立或解散特设委员会

理事会可指定其某些成员履行其中一项特定职责。

第 16 条　代表

司法诉讼,无论是以索赔还是辩护的形式进行,均由理事会(由理事会主席代表)或理事(由理事会主席以该身份提名)进行。

除特别委托书外,所有委托学会的行为均由主席签署,无须证明其对第三方的授权。

如果会长不在其职位,则每位副会长都有权代签学会的决策。

第 17 条　指导委员会

理事会有权设立指导委员会，完成理事会授权的具体任务。

指导委员会应由会长、两名副会长、财务、总编辑和秘书长以及会长在理事会或协会成员中任命的最多 3 名其他个人组成。

主要领导职务

第 18 条　学会主席

学会主席主持理事会和大会，并代表学会。

每奇数年，大会应在经理事会批准的候选人中选举一名主席。候选人必须是学会会员。

主席的任期为两年，可以候选一次，即获得第二个任期。

第 19 条　副主席

每年大会应在理事会批准的候选人中选举一名副主席。候选人必须是学会会员。副主席的任期为两年，可以连任一次。

副主席协助主席工作。

第 20 条　财务主管

大会应每 3 年从经理事会批准的候选人中选出一名财务主管，负责监管财务。财务主管是这个学会的会员。

财务主管可再当选一次，即连任。

第 21 条　空缺

如果主席、副主席或财务主管出现空缺，理事会有权选举其任何成员担任空缺职位，直至下一届大会召开。

第 22 条　常设秘书处—秘书长

理事会可设立一个由秘书长领导的常设秘书处，秘书长由理事会任命。

秘书长和常设秘书处成员应获得报酬。执行理事会的决定，在理事会的授权下协助制定学会的政策。

秘书长还应负责学会的日常管理，雇用职员以及工作条件，但须经理事会批准。

资金

第 23 条　年度会费

会员每年应纳会费，由理事会提议，会员大会决议。

第 24 条　账目和预算

理事会应向会员大会提交上一年度之账目,报请下一年度预算。财政年度应与自然年度相对应。

第 25 条　审计员

理事会应当指定一名或者数名内部审计人员,依照学会章程,对学会的财务状况和年度会计进行审计,对记载在年度会计报告中的交易是否正常进行审计。提交理事会和大会。

审计员不得是理事会成员。

章程修正案

第 26 条　修订

理事会应至少提前一个月通知本会会员修改本会章程的建议,并应告知大会对该建议做出决定的日期。

任何决定应由多于与会会员 2/3 投票通过,否则无效。

如果本大会未召集该学会成员 2/3 有表决权的会员,就近选择与上述相同条件的地点再次召开会议,并将根据有关提案做出明确和有效的决定。除非经出席或出席第 2 次大会的会员国以多于 2/3 通过,否则任何决定均无效。

只有在皇家法令批准并满足 1921 年 6 月 21 日法律条件后,才能对有关目标的法规进行修订。

学会的解散

第 27 条　解散

理事会应至少提前一个月通知本会成员解散本会的建议,并应告知大会对该建议做出决定的日期。

除非大会以学会会员 2/3 多数票通过,否则任何决定均无效。

如果本大会未召集该学会成员 2/3 有表决权的会员,就近选择与上述相同条件的地点再次召开会议,并将根据有关提案作出明确和有效的决定。

除非经出席或出席第 2 次大会的会员国以多于 2/3 通过,否则任何决定均无效。

大会决定解散和清算的方式。

由大会指定的接管人清算账户后,应按照大会以普通多数表示的意愿,将可能的正余额授予国际协会或慈善机构。

一般规定

第 28 条

本章程未规定的所有要点,特别是关于向"比利时莫尼特"发出通知的要点,均应按照 1921 年 6 月 21 日关于非营利组织、国际非营利组织和基金会的法律规定进行管理。

细则

第一部分 名称

《章程》第 1 条补充,该学会的正式名称可以以法语、英语、德语和荷兰语译名,以其他语种译名须经理事会批准。

第二部分 会员

1. 申请会员资格应填写秘书处签发的表格。

秘书处将表格所填的资料,并获授权查证与申请有关的任何其他资料。所有申请将通过电子邮件或在近期的会议上提交给理事会。

2. 准入的一般标准应在章程(章程第 5 条)中说明:

A. 机构成员

1. 该机构应较高教育水平(高中及以上),并应:

— 开设工程学位教育课程

— 或者,开设工程专业资格(文凭)教育课程

— 或者,为工程学类毕业生开设至少持续一年的工程学课程

— 或者承担授予工程专业技术职称的法律责任

2. 学校一般应至少有 200 名全日制学生,或每年至少颁发 50 个工程学位或文凭,并配备相应的教学人员。

3. 该机构通常应在候选人当选之日,已为工程师提供至少 3 年的学位或专业资格。

B. 个人成员

个人会员资格向在欧洲从事工程教育、认同 SEFI 的使命和目标的任何个人开放。

C. 企业成员

企业成员应为任何工业公司、咨询公司、公共行政部门或对工程师教育有兴趣的任何其他组织。

D. 准会员

准会员通常应为：

— 参与工程师培训或继续教育的专业团体

— 以任何身份从事工程师培训或再培训的研究或培训机构

— 不符合上述 A1、A2、A3 标准的教学机构

— 其他直接对工程教育感兴趣的机构

— 学生社团

第二部分　大会

大会会员的获票权如下(章程第 9 条)：

A. 机构会员

— 工程类学生低于 400 人的学校,2 票

— 拥有 401~2000 名工科学生的学校,4 票

— 学院 2001~5000 名工科学生,6 票

— 拥有 5001~10000 名工科学生的院校,8 票

— 拥有 10001 名以上工科学生的院校,10 票

B. 个人会员

— 正式成员,1 票

— 所在机构也是会员时的正式会员,1 票

— 退休学者/工程师,1 票

— 学生(非 EJEE),1 票

C. 企业和相关会员

— 工作组支持者,1 票

— 企业成员,2 票

— 企业合作伙伴,3 票

D. 准会员

— 学生会,2 票

— 协会,2 票

— 机构(非机构会员的),2 票

— 专业社团,2票

— 相关成员(非付费),0票

第四部分 理事会

学会成员将被邀请在本年度第一次会议前向理事会提交其候选人资格(简历和邀请函)。

理事会选举候选人(章程第12条)必须经至少3名其他学会成员批准。

代表机构成员的候选人必须得到3份背书中至少两名机构成员的支持。

一个成员不能支持两个以上的候选人。

经理事会批准的候选人资格名单将与邀请函一起发送给学会所有会员。

第五部分 主席/副主席

主席出缺时,由任期最长的副主席履行职务。

如该副主席缺位时,由另一名副主席履行职务。

理事会解决当选职位空缺情况。

如果候选人缺席,理事会可向大会提出其他建议,以确保会议议程正常进行。

第六部分 工作组/常务委员会/政务委员会

设立工作组、常务委员会、政务委员会的一般原则是(章程第11条):

— 他们的目标应该与学会的总体目标相一致

— 工作组和常务委员会应向所有希望在其目标范围内参与其活动的成员开放

— 政务委员会对所有符合政务委员会设立时大会批准或经修正的具体条件的学会成员开放

— 各工作组、常务委员会的主任由委员提名、理事会通过,向理事会报告本学会或本委员会的活动

— 政务委员会主席应由政务委员会成员中的理事会提名,他/她应向理事会报告他/她主持的政务委员会活动。政务委员会主席受邀作为观察员出席理事会会议

— 未经理事会或者理事长批准,工作组、常务委员会、政务委员会不得发表关于学会的公开声明和出版物

如果一个工作组/常务委员会/政务委员会在一年内不再活动,可以由大会终止。

第七部分 特设委员会("特别工作组")

设立特设委员会的一般原则如下(章程第15条)
— 特设委员会的目标应符合学会的总体目标
— 理事会设立或者撤销专门委员会
— 各专门委员会的主席由理事会任命

秘书长代表理事会协调各委员会的活动。财务主管监督他们的财务。

第八部分 章程修正案

章程只有大会才能修改。任何修正案均应经理事会审议,并在大会规定的日期前至少一个月送交全体成员。

四、全球工学院院长理事会(GEDC)

第一条 名称和使命

该理事会的名称是全球工程学院院长理事会,以下简称"GEDC"。GEDC是国际工程教育学会联盟(IFEES)的附属机构。

GEDC 的使命是为全球的工学院院长搭建网络平台,开展交流,促进工程教育和工程研究的发展,让工程教育服务于全球。

第二条 目标

1. 在主持工程项目过程中,为交流信息、探讨经验、挑战和最佳实践提供一个全世界范围的平台。

2. 为工学院院长提供一种在课程开发和创新方面彼此合作,以及与企业和其他利益相关者合作的手段。

3. 建立相关网络,支持工学院院长在区域政策、全国政策和国际政策的制定过程中扮演领导者角色。

4. 积极参与全球工程教育质量标准的制定与维护。

第三条 成员资格

1. 全球工学院院长理事会(GEDC)由符合以下一项或多项标准的个人组成:

a. 理工大学的校长/教务长/首席学术官、工学院院长,或者有类似头衔的大学工学院或科系负责人。在没有学院院长或同等工学院负责人的机构,或者在有多位工学院领导的机构,会被要求指派一位机构代表。

b. 主要专注于工程教育和研究的高等教育机构的负责人。

c. 各国或地区的工学院院长组织的负责人。

d. 工程教育领域德高望重、并且被全球工学院院长理事会领导层邀请加入该组织成为全球工学院院长理事会大使的人。

2. 愿成为全球工学院院长理事会成员的个人应将其姓名提交给全球工学院院长理事会行政秘书，并附上表明其符合以上第1条一项或多项标准的信息。行政秘书应将姓名提交给全球工学院院长理事会官员。只有在全球工学院院长理事会官员过半数表决同意的情况下，成员资格才能获批。

3. 通过全球工学院院长理事会操作指南中规定的程序，可发展其他类型的会员。

4. 经书面通知行政秘书或主席，任何成员均可退出全球工学院院长理事会。退出申请得到确认后，退出即生效。

5. 3年内未参加过一次年会、未缴纳任何必要费用的成员，将被全球工学院院长理事会除名。

6. 通过全球工学院院长理事会操作指南中规定的程序，全球工学院院长理事会可制定、批准和执行费用结构。

第四条　高管和执行委员会的选举和继任

1. GEDC执行委员会委员应包括1名主席、1名当选主席、1名秘书/司库、前任主席和18名委员（代表不同的地理区域），执行秘书长为无表决权委员。

2. 理事会高管由主席、秘书/司库、当选主席、前任主席、执行秘书长（无表决权）组成。

3. GEDC执行委员会主席确定并任命提名委员会委员，提名委员会委员应由3名指定会员加上前任主席组成。提名委员会每年从GEDC会员中征集姓名，并将其列入执行委员会选举名单。

主席和秘书/司库选举，每个职位至少要有2名候选人。获得全体会员选票50%以上，候选人方能当选。

4. GEDC会员选出1名当选主席、1名秘书/司库，以及执行委员会全体委员。当选主席任期1年，继任主席任期两年，然后担任前任主席1年。前任主席没有资格立即提名当选主席。秘书/司库任期为1年，可连任2届。一般来说，委员任期3年，每年有1/3的人当选。

5. 提名为高管或执行委员会委员的资格和投票资格应符合 GEDC 操作指南的规定。

6. 选举在 GEDC 财政年度的 7 月 1 日前以电子投票方式进行。GEDC 财政年度从 10 月 1 日开始。

7. 如主席职位出现空缺,当选主席应接替主席职位,并在下一届年选举前,两年任期之内任职。如果当选主席或秘书/司库的职位出现空缺,GEDC 执行委员会从最近一次选举中提名的候选人中,选出新的当选主席或秘书/司库。如果该人无法任职或 GEDC 执行委员会无法就合适的候选人达成一致意见,则在下一次年度选举期间,由 GEDC 会员投票选出新的主席或秘书/司库。委员空缺时,在下一届年度选举中由 GEDC 会员投票递补,最短任期委员空缺时,将由获得较少选票的候选人填补。

8. 在主席缺席情况下,当选主席或最近的前任主席应担当执行委员会或其他 GEDC 会议的职责,或担任大会主席。

9. GEDC 执行委员会主席是 IFEES 执行委员会的当然(有投票权)会员,并代表 GEDC 参加 IFEES 执行委员会。

10. IFEES 的主席、当选主席和秘书长应为 GEDC 执行委员会的当然(无表决权)会员。

11. 任何不再是 GEDC 会员的执行委员会委员,不再担任执行委员会委员。

第五条 执行委员会及官员的职责

1. 执行委员会将作为全球工学院院长理事会的执行机构,负责履行和开展所有职责与活动来满足本章程第二条所规定的目标。

2. 执行委员会应优先处理全球工学院院长理事会的活动。

3. 全球工学院院长理事会休会期间,执行委员会应制定全球工学院院长理事会的一般政策。

4. 在行政秘书的配合下,全球工学院院长理事会的官员将于每年 5 月 1 日之前编制下一财政年度的预算。预算应报全球工学院院长理事会执行委员会批准。预算获批后,主席会发给国际工程教育学会联盟(IFEES)主席一份。

5. 执行委员会的法定人数应为对事务处理有表决权的成员总数的 25%。

6. 执行委员会应批准全球工学院院长理事会的操作指南,并传达给成员。

第六条 行政秘书与秘书处

1. 从 2008 年 5 月 8 日在巴黎举行的全球工学院院长理事会成立大会开

始,全球工学院院长理事会秘书处每5年接受一次评审。秘书处的变更由执行委员会按照表决程序自行处理。秘书处可连任。

2. 行政秘书将负责全球工学院院长理事会的日常运营。

3. 行政秘书将由执行委员会批准,任期5年,经执行委员会2/3成员表决通过,行政秘书可被解除职务;行政秘书可辞职,无须通知。行政秘书可连任。

第七条　会议

1. 全球工学院院长理事会全体大会应每年举行。全球工学院院长理事会全体大会的时间和地点应至少在全体大会举行日期之前60天公布给理事会成员。

2. 全球工学院院长理事会全体大会及任何特别会议应根据需要由执行委员会主席召集,无须执行委员会过半数同意。应该至少提前15天将会议通知发送给各个成员。

3. 全球工学院院长理事会任何例会或特别会议的法定人数应该至少为成员总数的15%。

4. 在提前15天通知执行委员会委员后,全球工学院院长理事会执行委员会主席可以根据需要召集会议。委员可亲自参加或以电子方式参加会议。

5. 业务会议只能由有表决权的成员参加;对于特定会议来说,未经全球工学院院长理事会官员明确授权,任何成员不可找人代为出席。亦不允许委派代表投票。

6. 在每一次全球工学院院长理事会年度全体大会上,全球工学院院长理事会官员应提交一份执行委员会的活动报告。

第八条　委员会

执行委员会主席根据执行委员会的建议并经其批准,将委派设立必要的委员会,并指派相关委员会主席。

第九条　章程修改

1. 经出席年会并拥有表决权的全球工学院院长理事会2/3成员表决通过,本章程可予以修改,年会应至少有25%的成员出席。

2. 至少在召开年会15天之前,通过邮件将需要在年会上表决的章程修改方案分发给理事会成员。

3. 本章程还可以通过电子邮件投票的方式,在2/3表决通过后即可予以修改,但是必须收到全球工学院院长理事会至少50%成员的投票。

4.投票截止日期规定为投票邮寄日期后的60天,唯有在此日期之前收到的投票方可计数。

5.经全球工学院院长理事会执行委员会过半数表决通过,或者向执行委员会递交至少由全球工学院院长理事会10名成员签字的申请书,章程修改方案方可予以提交。

五、美国工程教育协会(ASEE)

(一) 名称与宗旨

第一条 本组织的名称为美国工程教育协会,以下简称"本协会"。

第二条 本协会的宗旨是促进其所有职能范围内的教育,其职能涉及工程及相关科技分支领域,包括教学与学习过程、咨询、研究、推广服务、公共关系。为了促成这一宗旨,本协会将作为一个共同代理机构为会员服务:

- 制定工程教育的总体目标和责任,促进公共福利。
- 调整课程体系和教育过程,以适应不断变化的条件;调整人事管理和行政管理的方法。
- 提高教师、辅导人员、行政管理人员的效率。
- 完善教学材料和人事管理方法,完善行政管理职能。
- 提升职业理念和标准。
- 促进研究成为教学附属职能。
- 协调学院之间的培养目标和培养方案,以及学院与专业机构、教育机构和公共机构的合作关系中的培养目标和培养方案。
- 在教师、辅导人员、研究人员、行政管理人员、从业人员、企业和政府代表中培养志趣相投的人。

(二) 成员资格

本协会的会员分为两种:个人会员和机构会员。会员应具备的具体资质、会员的具体义务、特权、会籍转移、会员资格终止原因等以章程第一章的规定为准。

(三) 组织与官员

第一条 本协会将设立理事会,理事会由以下官员组成:主席、候任主席、上届主席、财务副主席、各专业利益理事会的主席、各机构理事会的主席、各地区理事会的主席、会员事务副主席、外部关系副主席和执行理事。

第二条 理事会有义务、有责任按照本章程开展美国工程教育协会的事务,并负责制定美国工程教育协会的章程。

第三条 本协会应设以下官员:主席、候任主席、上届主席、财务副主席、专业利益理事会副主席、会员事务副主席、机构理事会副主席、外部关系副主席、执行理事。

第四条 设立的区域、专业利益和机构理事会将在细则中指定。经理事会全体成员 3/4 投票表决,理事会可成立新的理事会,或解散既有理事会。如拟解散任何理事会,应该提前 6 个月向该理事会官员发送通知,该理事会官员有权在计划审议解散事宜的理事会会议上进行申诉。

第五条 各理事会应按照自行制定的、与美国宪法和美国工程教育协会章程相符的章程进行运作。

第六条 各理事会可通过美国工程教育协会的个人会员和机构会员,根据其章程构建各自的组织。

第七条 各理事会的章程应规定设立一位理事会主席,任期见第四部分第二条的规定,设立一位秘书以及理事会章程规定的其他官员。理事会应指定哪些理事会应在奇数年和偶数年选任理事会的主席或候任主席。

第八条 机构会员理事会应通过各自的机构代表投票表决、地区理事会通过各自的个人区域会员投票表决、专业利益理事会通过本协会个人会员投票表决,分别提名和选任一位主席。

第九条 各理事会的当选主席应自动成为美国工程教育协会的理事,对各自的理事会负责。理事会主席兼美国工程教育协会理事的任期与协会年度的起始时间同时开始。

第十条 在主席无法行事或不能出席会议时,各理事应在其章程中规定主席职位的继任次序。在理事会主席无法行事期间,理事会主席继任人自动承担理事会主席作为美国工程教育协会理事的工作。

第十一条 本协会两位副主席应当由理事会选任,一位从专业利益理事会主席中选出,另一位从机构理事会主席中选出。第一副主席应当由理事会从会员事务副主席、专业利益理事会副主席、外部关系副主席、机构理事会副主席中选出。

附录1 国际工程教育组织的章程（节选）

第十二条 会员事务副主席应当在偶数年由全体会员从本协会提名理事会提出的一位或多位被提名人当中选出,任期两年。要达到获得提名的资格,候选人须在会员事务副主席任期开始之前完成区域理事会主席的一个完整任期。

第十三条 外部关系副主席应当在奇数年由全体会员从本协会提名理事会提出的一位或多位被提名人当中选出,任期两年。外部关系副主席的任职条件仅限于在理事会任职的本协会会员,或是来自理事会的现任成员。

第十四条 本协会应设立由理事会命名的项目理事会。外部关系副主席应担任项目理事会主席。项目理事会成员的任期由理事会自行决定。项目理事会的章程由理事会制定。

第十五条 本协会应设立财务理事会,由本协会主席、候任主席、上届主席、第一副主席、外部关系副主席、执行理事、主席委任中拥有财务金融管理经验的两名个人（不必须是ASEE会员）、财务副主席组成,并由后者担任该理事会主席。财务理事会应审核预算,并按照理事会的指令做出财务决定。

第十六条 本协会应设立长远规划理事会,理事会主席由理事会选任,任期由理事会自行决定。

第十七条 本协会应设立执行委员会,由本协会以下官员组成：主席、候任主席、上届主席、财务副主席、会员事务副主席、外部关系副主席、专业利益理事会副主席、机构理事会副主席、执行理事。执行委员会将处理理事会会议和理事会委派给的必要事务。执行委员会的一切行动均应在下一届理事会会议中向理事会报告。

第十八条 本协会应设立风险管理委员会,由一位主席和至少两名其他成员组成,其中至少一名应为理事会成员。理事会成员由美国工程教育协会主席委任,任期为两年。美国工程教育协会财务副主席和职员不能加入风险管理委员会。本协会主席、候任主席、上届主席不能担任风险管理委员会的主席。风险管理委员会应协助美国工程教育协会理事会履行职责,监督美国工程教育协会财务和人力资源政策和程序的遵守情况。

第十九条 本协会的常务理事会和特设专门理事会应由本协会主席委派,并通过指定的理事会成员向理事会报告。

第二十条 执行理事应当由理事会委任,并根据理事会的意愿做事。执行理事应担任执行理事会和理事会的秘书。

(四) 官员的选举和继任

第一条　美国工程教育协会应设立提名委员会,由按照美国工程教育协会章程选出的各委员会一名代表和两名美国工程教育协会前任主席组成。ASEE 前任主席在任期间的年长者担任提名委员会主席。本协会提名委员会成员在委员会两年的任期内,不得获提名委员会提名竞选公职。成员在紧接提名年度前的年会开始时,即为开始在提名委员会任职。

第二条　本协会提名委员会每年应提名一位或多位候任主席的候选人。在预定年份,提名委员会将提名各相关职业兴趣委员会的一位或多位候选人;每一奇数年将提名一位或多位会员事务副主席,供每一偶数年进行选举;每一偶数年将提名一位或多位外部关系副主席、财务副主席候选人,供每一奇数年进行选举。

工程技术委员会主席、工程研究委员会主席、一区和三区分部委员会候任主席应在偶数年选任;工学院院长委员会主席、企业会员委员会主席、二区和四区分部委员会候任主席应在奇数年选任;第一、第二、第三、第四专业利益委员会主席应在这些职位的上届任期届满时的预定年份选任。

所有这些职位的提名者在提名时必须是 ASEE 的个人成员或机构成员代表,并且在任期内必须保持 ASEE 成员资格。

这些提名名单应在选举前一年的 9 月 1 日之前提交给执行理事。执行理事应促使提名名单于 11 月公布于美国工程教育协会的官方杂志上,或者在 11 月 30 日之前寄给每一位个人会员。由不少于 200 位委员申请,可提出合格候选人的额外提名名单。在其名字被写入选票之前,所提议的被提名人必须表明任职意愿。该等申请和任职同意书必须在 1 月 1 日之前提交给执行理事。选票应在每年 3 月 1 日之前提交给本协会的每一位个人会员或机构会员代表,3 月 31 日之前返给执行理事的选票应通过 4 月 1 日对官员选举的简单多数投票来决定。

第三条　本协会候任主席被提名人应该来自曾在理事会任职的活跃会员,或者来自理事会的现任成员。候任主席只可任职一届。

第四条　财务副主席被提名人应为美国工程教育协会的个人会员或机构会员代表。会员事务副主席的被提名人应该从担任过区域主席的人员中选出。外部关系副主席被提名人应仅限于在理事会任职的本协会会员,或者来自理事会的现任成员。

第五条　新当选的理事和主席、候任主席、财务副主席、会员事务副主席、外部关系副主席应在协会年度开始的同时就职。

第六条　完成候任主席的一届任期后,候任主席应继任主席之职。

第七条　本协会主席不能履行主席职责时,应按以下主席职位继任顺序接任主席处理所有事务或紧急事务:第一副主席、会员事务副主席、外部关系副主席、财务副主席。

理事会可决定由于主席死亡、离职或其他有效原因而不能继续执行相关工作,从而构成该职务永久空缺,此时其他人适用于上述继任顺序。

第八条　候任主席因死亡、离职或其他有效原因而不能履行该职位的职责时,该职位应保持空缺,一直到可以举行选举之时。在这种情况下,候任主席的任期应为该协会年度的剩余时间。

第九条　财务副主席因死亡、离职或其他有效原因而不能履行该职位的职责时,继任人将由执行委员会委任,一直任职到可以举行选举之时。

第十条　在填补空缺的程序未予明确规定的情况下,理事会有权委任个人任职于未届满的任期。

（五）会费

第一条　个人会员的会费应当由理事会确定。会费变动应当通过理事会 2/3 成员的投票来决定。

第二条　机构会员的会费应当由理事会确定。会费变动应当通过理事会 2/3 成员的投票来决定。

（六）协会年度

协会年度应从上一届理事会的最后一次业务会议休会、本协会年会举行之时开始。

（七）会议

在协会年度内,应至少召开一次全体大会。除非经理事会一致表决提出特别异议,年会应在每年六月举行,时间和地点由理事会决定。理事会负责并有权管理年会。该年会应包括本协会的年度业务会议。在年会地点和时间举行的本协会各委员会或团体的所有会议均构成年会的一部分。在协会年度内,理事会应至少举行两次会议,其中一次须在年会时间举行。

（八）出版物

第一条　理事会应核准并负责本协会的所有出版物,并且应指定美国工程教育协会的官方杂志。

第二条　在美国工程教育协会及其委员会或团体的会议上提交的论文和论述应成为美国工程教育协会的财产,并且经理事会或其委托代表授权,可作为美国工程教育协会的系列出版物、其他出版物或临时出版物予以发表。理事会可通过其委托代表允许在其他地方发表论文和论述,但条件是美国工程教育协会获得适当批准,并且可以放弃美国工程教育协会可能在论文或论述中拥有的任何所有权。

第三条　理事会应制定关于本协会出版物及其所有组成部分的政策。

（九）章程修改

经美国工程教育协会个人会员以信件投票方式或者美国工程教育协会个人会员以电子代理方式在下一届理事会例行会议或特别会议上表决,本章程可予以修改。经电子代理批准的动议和修改案自该动议或修改案所注明之日生效,或者自最后 天的电子投票之日生效。

经理事会至少2/3成员赞成票表决,或者至少200名委员向执行理事提出书面申请,可提议对章程进行修改。理事会对任何修改案的大多数人的意见应以信件投票方式提交给全体会员。如果理事会1/4以上的成员代表对修改案的少数人,则该等少数人享有与信件投票平等的表达意见的空间。如果是通过申请提出的修改案,理事会应对该修改案进行表决,并准备代表理事会1/4以上理事的少数人的意见。经对修改案投票,将少数理事会成员的意见提交给美国工程教育协会的全体会员。对于通过申请程序收到的章程修改案,应在美国工程教育协会下一年度投票期间进行投票表决,但是理事会须在9月30日之前收到经签字的申请书。如果申请书是在9月30日以后收到的,应在下一个协会年度的年度投票期提交给全体会员进行投票。

如果在执行理事寄出之后30天内收到的选票(或代理选票)有至少2/3为赞成票,所提议的修改案即获得批准。

附录 2　国际工程教育组织的战略规划(节选)

一、世界工程组织联合会(WFEO)战略规划

(一) 通过工程促进实现联合国可持续发展目标的计划 2018 年[1 号]

1. 序言:联合国教科文组织 ADG 自然科学部 Flavia Schlegel 博士

众所周知,实现联合国可持续发展目标的关键是工程师和工程。

我很高兴世界工程联合会组织召开 WFEO Engineering 2030 战略大会,常设技术项目委员会,成员和合作伙伴汇聚一堂,共同制定工程计划推进可持续发展目标的实现。

此报告议程不仅涉及已经建立的合作伙伴关系,还涉及如何开展工作,以及在亚洲和非洲这些最需要建设工程教育标准、提高工程能力建设的重要工作。

我们需要更多具备高标准工程素养的工程师实施国家工程建设,推动可持续发展目标的实现。

令人高兴的是,有些项目吸引很多年轻女性工程师参与,这是创新路上的重要举措。

许多已经启动的项目解决了可持续基础设施和清洁水源需求等基本问题。其他利用高新科技,使用先进技术,包括卫星技术,应对地震、洪水等自然灾害的极端风险。这些项目展示了工程师在广泛范围用工程技术推动可持续战略发展。

我真诚感谢项目的所有发起者,并期待更多合作伙伴、成员和委员会今后参与其中。这不仅是促进不同领域可持续发展的重要组成部分,也是展示为世界信息和灵感付诸实践的重要组成部分。

2. 前言:WFEO 主席 Marlene Kanga 博士

我很高兴介绍 WFEO 工程 2030 计划的第一份报告。

WFEO 工程 2030 战略计划于 2015 年 12 月经 WFEO 大会表决通过,其成员和合作伙伴,通过工程目标推动联合国可持续发展。

将联合国可持续发展目标的各个部分有机结合起来,共同促进未来发展,经济繁荣、社会包容和环境可持续发展目标的实现需要工程师的参与。教科文组织和世界海关组织于 2018 年 3 月签署的"巴黎宣言"表明了世界工程师对可持续发展的承诺。

本文件概述了 WFEO 常设技术委员会、国家和国际成员、合作伙伴和合作伙伴正在开展的项目。这些项目在 2018 年 3 月 7 日巴黎举行的 WFEO 50 周年研讨会上首次报告。

我很高兴每个代表团体面对工程领域多种紧迫的问题,能够团结协作予以解决。一个不变的主题是需要对工程质量教育质量的提升,以在世界范围内培养工程师。

解决工程实践问题,需要文化对多样性和工程道德实践的建设,并将确保世界上最好的学者参与解决世界上最紧迫的问题。这些在 WFEO 国际网络产生重大影响。

WFEO 将通过其委员会、成员和合作伙伴继续致力于推进可持续发展目标的实现,并在未来几年通过各种论坛报告进展情况。WFEO 是领导工程专业、坚持可持续发展的重要角色。

3. 背景

2015 年 9 月,全世界共同宣布新的联合国可持续发展目标。这些目标采用综合方法进行未来发展,结合经济繁荣、社会包容和环境的进步可持续性。实现这些目标是世界工程组织联合会的一个关键目标工程组织。

世界工程组织联合会是工程界的最高机构,代表近 100 个国家和 3000 万工程师。这是工程学国际水平的声音,促进工程师在解决世界正面临着关键问题上的重要作用:可持续发展、城市发展、气候变化和世界能源生产战略,以满足不断增长的人口的需要。

在这项工作中,世界工程组织联合会得到了政府、政府间组织、国际非政府组织和一般公众的认可,作为一个受到尊重的和可靠的战略和政策建议和指导的来源,利用工程和技术造福人类可持续发展和福祉。

4. 世界工程组织联合会的使命

- 在国际上代表工程专业,提供专业的集体智慧和领导力,帮助国家机构选择适当的政策,解决影响世界各国的最关键问题。
- 加强工程实践。
- 应用技术,促进世界各国的社会经济安全、可持续发展,减少贫穷。

因此,WFEO 在领导和协调各种项目方面发挥着关键作用,这些项目旨在发展工程能力,以实现最大的长期影响,从而实现联合国可持续发展目标。WFEO 能够将教育机构、政府和行业聚集在一起,以促进满足世界各地工程能力需求的项目。WFEO 的国家和国际成员,即领先的专业工程学院,将努力在发展中国家和地区发挥关键作用。

2018 年庆祝 WFEO 成立 50 周年,是制定实现联合国可持续发展目标所需工程能力行动计划框架的催化剂。第一步是签署教科文组织与世界科技组织关于通过工程推进联合国可持续发展目标的承诺的宣言。

(1) 可持续发展背景下的工程师需求与实现联合国可持续发展目标

工程师和工程对于实现联合国可持续发展目标至关重要。工程师在支持基础设施的发展方面发挥着关键作用,如道路、铁路桥梁、水坝、通信、废物管理、供水和卫生、能源和数字基础设施等。它们使一个国家的经济得以发展,这反过来又可以带来更好的经济和社会成果,包括提高预期寿命、提高识字率和提高生活质量。

国家的工程能力与其经济发展之间存在着重要的联系。工程师负责现代世界——我们居住的房屋、吃的食物、使用的交通工具以及来自电力的所有舒适设施、清洁的水供应。然而,由于世界上有一半人生活在贫困中,数百万人没有足够的食物或卫生设施,因此需要工程来支持全世界可持续发展的进步。

世界银行报告说,基础设施对生产力增长以及经济创新能力提高有重大积极影响。研究表明,拥有足够数量的工程师对国家的 GDP 有显著的积极影响。然而,影响工程项目成果及其对工程项目贡献的不仅仅是数量还有工程师的质量。这使得一个国家拥有自己的工程人力资本资源至关重要,他们可以根据国际标准设计建造和维护重要基础设施,为经济带来最大利益。

随着技术创新和发展的步伐加快,需要增加工程师。下面讨论了一些因素。

A. 工程师和第四次工业革命

自第一次工业革命以来,工程学一直支撑着工业经济的发展。蒸汽机和电力的发明导致经济从农业转向制造业,从而增加了发达国家的收入和繁荣,特别是在欧洲和北美。

我们现在处于第四次工业革命的开端,数据以及机械和物联网的相互关联正在推动新的效率和创新。工程继续成为最新革命的核心。工程师在这些创新中发挥着重要作用,开发新思想和突破新发明可以帮助许多国家加速其经济发展。

B. 绿色基础设施与城市化进程,加快智能城市建设

随着城市化进程的加快和城市的不断发展,工程师们有望为智能城市的绿色基础设施开发创新,并开发低二氧化碳能源。工程师们在解决气候变化问题和执行可持续的解决办法以合理使用资源,特别是水的利用。

亚洲、非洲和拉丁美洲对工程的需求

随着世界上经济体城市化的增长和基础设施的发展,亚洲、非洲和拉丁美洲的工程师和工程服务需求不断增长。

(2) WFEO Engineering 2030—开发工程能力的计划实现联合国可持续发展目标

作为专业工程组织的最高机构,世界工程组织联合会在引领可持续发展的公认标准的工程能力发展方面发挥着关键作用。

5. WFEO 2015—2019 战略计划

WFEO Engineering 2030 计划于 2015 年 12 月在京都批准 WFEO 战略计划。WFEO 战略计划 2015—2019 的要素是:

A. 外部目标

- 被认为是人类福祉和自然环境管理工程和技术相关问题的受尊重的建议和指导来源。
- 站在国际努力的最前沿,使工程专业在科学和技术上有所贡献。
- 运用工程和技术促进可持续发展,适应气候变化,减轻灾害风险,关注公共卫生和减轻贫困。
- 促进全球工程专业人员的流动。

- 建立并维护工程专业实践的全球道德准则。
- 促进工程专业的多样性和包容性。

B. 内部目标
- 提高 WFEO 的财务知名度、存在感和地位。
- 扩大成员、国家和国际成员的支持。
- 不断改进常设技术委员会的工作和产出质量。

C. 伙伴关系以实现战略计划

该计划基于政府、学术界、工业界和专业工程机构的四重互动,描述为 WFEO 成员的专业工程机构之间的四重螺旋模型。

每个组织都将发挥重要作用:

专业工程机构:

WFEO 已与世界各地的专业工程机构建立了长期的合作关系,拥有 100 多个国内和国际会员。WFEO 将通过特定项目与其成员合作,以实现 WFEO Engineering 2030 计划的目标。特别是,由 WFEO 国家成员主办的 WFEO 常设技术委员会可以获得专业知识和能力,以提供促进联合国可持续发展目标的具体活动和成果。

工程教育工作者——大学、技术机构和协会:

WFEO 将与大学和其他教育机构、认证机构,以及参与工程教育的国际组织合作,将相关各方汇集在一起,提供来自各地的工程教育专业知识和经验,全世界支持工程教育最佳标准的制定和工程能力最强的国家工程能力的发展。

行业协会和大公司:

WFEO 将利用专业知识调动资源以及与行业和雇主合作的经验,开展与工程领域的工业和行业协会合作。

从工程教育中获取所需的毕业成果,尤其是在技术进步带来快速变化的需求的情况下;确定所需的专业发展要求,以使工程师在整个职业生涯中都能胜任他们的学科。

D. 行为原则

通过 WFEO 工程 2030 计划启动 WFEO 战略计划的行为原则是:
- 满足更多工程师的需求——并鼓励年轻人、男孩和女孩将工程视为一种职业。
- 确保工程教育的适当标准——解决工业和社会当前和未来的需求,包括教学方法(教学法)、技术的使用和研究的成果。

- 确保适当的职业发展途径——毕业生和工程从业者满足雇主需求和社区期望。
- 建设能力——用于发展国家工程教育系统,以符合商定的标准。
- 建设能力——用于开发工程教育和专业证书的认证和监管系统,包括专业工程机构的培训和治理。
- 支持多边相互承认(国家和国际协定和协议)——承认经验丰富的工程师的资格和专业资格,并促进他们到对工程师有需求的地方去。
- 与政府和决策者建立牢固的关系——解决与工程师和工程相关的政策。
- 与政府联络——为工程师制定一致的监管政策。
- 建立国际项目,推动工程师和工程的可持续发展——由 WFEO 常设技术委员会领导。
- 向教科文组织和其他国际组织报告进展情况。

E. 当前和未来的项目

WFEO 将建立联合项目,并促进目前正在进行的项目实现 WFEO Engineering 2030 计划的目标,包括:

制定科学和工程方面的政策框架和指标,与联合国接触,以便与国际科学理事会推进联合国可持续发展目标;

支持和促进 WFEO 国家和国际成员的工作,帮助教育机构达到工程教育所要求的标准和专业发展,发展工程师的能力,例如,FEIAP 的工作——亚洲及太平洋工程组织联合会、WFEO 的国际成员和国际联合会的工作工程教育协会(IFEES)、全球工程院长理事会(GEDC)、WFEO 的合作伙伴;

通过与国际工程的合作,扩大工程教育的多边认可和工程师的专业发展联盟(IEA);

支持并促进专业培训,以支持工程师在整个职业生涯中,例如 FIDIC——国际咨询组织联合会;

通过与 WFEO 工程女性常设技术委员会、国家成员以及与国际网络的伙伴关系的合作项目,制定国际框架和战略、女工程师和科学家(INWES)发展等,以解决工程多样性问题;

WFEO 成员和国际合作伙伴在撒哈拉以南非洲的专业工程机构开展能力建设项目;

促进正在开展的工作,鼓励女孩们考虑由南非 WomEng 的 STEM 职业生涯;

通过 WFEO 反腐败委员会以及与经合组织、英国全球基础设施反腐败中心和世界司法项目的合作解决工程中的反腐败问题;

第 2 类教科文组织机构——国际科学技术与创新中心(ISTIC)的能力建设活动,设在马来西亚和其他地方非洲和美洲的实体;

工程教育计划由联合国教科文组织第 2 类中心开发,秘书处设在北京清华大学的国际工程教育中心(ICEE),利用技术进步支持工程教育。

F. WFEO 工程 2030 计划的进展和成就

每年报告正在进行的工作和成就。

本报告介绍了 WFEO,成员国和国际成员及国际合作伙伴在 2017—2018 年期间为推进可持续发展而建立的项目,并在 7 月巴黎举行的 WFEO 工程推进联合国可持续发展目标研讨会上发表。它们在地理、技术和处理各种联合国可持续发展目标方面展示了各种项目的多样性。它们代表了 WFEO 网络的力量以及 WFEO 的合作伙伴关系和展示项目。

WFEO 常设技术委员会包括:灾害风险管理和工程以及创新技术。

WFEO 国家成员:西班牙、葡萄牙、巴林和斐济。

WFEO 国际成员:亚洲及太平洋工程组织联合会(FEIAP)、阿拉伯工程师联合会(FAE)和世界土木工程师理事会(WCCE)。

WFEO 国际合作伙伴处理工程教育标准和能力建设,包括国际工程联盟(IEA)、国际工程学会联合会(IFEES)和国际咨询工程师联合会(FIDIC)。

WFEO 会员包括 WomEng、南非。

其他正在进行中的项目,包括:

- WFEO 灾害风险管理委员会:地震和水相关自然灾害的能力建设和工程信息的在线数据库,以减轻这些风险。
- WFEO 工程教育委员会:关于工程教育和 IDEAS 期刊出版的两年一次的会议报告。
- WFEO 信息和通信委员会:关于智能城市和物联网技术实施的国际研讨会和出版关于卫生信息技术实施的专注护理和工业 4.0 技术的出版物。

- WFEO 能源委员会：世界能源论坛和出版太阳能促进能源新技术的实施。
- WFEO 工程能力建设委员会：促进工程能力建设，包括非洲工程周，每年举办一次，重点是发展非洲的工程能力。
- WFEO 工程与环境委员会：工程师可持续发展与环境管理实务守则和气候变化原则适应工程师，并参加联合国会议缔约方（COP）关于减缓和适应气候变化的工程方法的活动。
- WFEO 创新技术工程委员会：国际人工智能会议和研讨会，创新技术的使用，机器人技术和云计算。
- WFEO 工程妇女委员会：关于非洲女工程师状况的调查，以及改善非洲妇女卫生条件的工作。
- WFEO 反腐败委员会：对 ISO 37001 反贿赂标准的贡献，持续参与 ISO 技术委员会和培训材料的开发。
- WFEO 青年工程师/未来领导委员会：支持年轻工程师发挥可持续发展的作用，如 2018 年举办的首届青年工程师大赛。

关于推进联合国可持续发展目标委员会活动的详细报告将作为 2019 年 11 月 WFEO 大会双年度报告的一部分提交。

（二）重要项目简介

项目 1：审查和制定工程教育标准，以满足当前和未来的工业和社会需求

该项目的目标是审查当前的研究生工程师、技术人员和技术人员的工程教育标准，并考虑增强以满足工业和社会的需求。

这是由 WFEO 牵头的合作项目，WFEO 合作伙伴和国家成员参与，包括：

- 国际工程教育学会联合会（IFEES），其成员包括世界工程教育学会。
- 全球工程院长理事会（GEDC），其中包括世界各地的工程机构领导人。
- 咨询工程协会（FIDIC）的国际高峰机构。
- 国际女工程师和科学家网络（INWES）代表妇女在工程和科学方面的联系。
- 清华大学教科文组织第 2 类中心，国际工程教育中心。

该工作组的第一次会议于 2018 年 10 月 21 日在伦敦举行，之后举行了

Skype 网络会议。于 2019 年 4 月在斯洛文尼亚首都卢布尔雅那和 2019 年 11 月在墨尔本举行的 WFEO 会议同时举行了面对面会议。

制定一项工作计划,其中包括世界各国同意和承认的拟议标准的结果。

参与组织:IFEES/GEDC/ICEE/INWES/FIDIC(如附图 1 所示)

附图 1　参与 WFEO 有关工程教育标准审定的组织机构

制图:ICEE 课题组

项目 2:工程教育系统的能力建设,认证和注册,以满足世界各地工程师的需求

该项目的目标是指导和支持各国发展其工程教育认证体系,使教育系统符合毕业生的标准。

这是由 WFEO 牵头并由 WFEO 合作伙伴和国家参与的合作项目,其成员包括:

- 国际工程联盟(IEA)负责为工程教育成果提供相互认可的三项多边协议;
- 国际工程教育学会联合会(IFEES),以世界工程教育学会为其成员;
- 全球工程院长理事会(GEDC),其中包括世界各地工程组织的领导者;
- 咨询工程协会(FIDIC)的国际高峰机构;
- 国际女工程师和科学家网络(INWES),代表妇女在工程和科学方面的协会;
- 联合国教科文组织第 2 类中心,清华大学国际工程教育中心(ICEE)。

第一次研讨会于 9 月 18 日星期二在肯尼亚蒙巴萨举行,作为非洲工程周的一部分。第二次研讨会于 2018 年 10 月 23 日星期二举行 2018 年伦敦全球工程大会时召开。并于2019年4月在斯洛文尼亚首都卢布尔雅那和2019年11月在墨尔本召开WFEO会议。

2019年邀请讲习班与会者就教育系统和结构提出关于其国家具体要求的支持和信息提案。为每个国家制定一项工作计划,以予以支持。

参与组织:IFEES/GEDC/ICEE/INWES/IEA/FIDIC(如附图2所示)

附图2　参与WFEO有关工程教育能力建设研究的组织机构

制图:ICEE课题组

项目3:工程教育能力建设

亚洲及太平洋地区工程机构联合会(FEIAP)是国际性组织WFEO的成员,一直在开发指导和支持专业工程的项目机构将国家工程教育标准提高到国际公认水平。

因此,由FEIAP认可的经济认证机构认可的学位根据APEC工程师协议,将被视为已达到基本工程资格要求的标准。

FEIAP工程指南考虑到亚洲和太平洋地区的不同经济体处于不同的发展阶段,引用了华盛顿协议和/或EUR-ACE系统设定的范例标准的毕业生要求。

它允许在FEIAP框架下,基于申请机构的认证系统和流程的成熟程度以及符合所设置标准的程度进行两级认可。第一级认可适用于经济的"国家建设"阶段,并且表明有可能实现APEC工程师的教育要求。第二级认可是承认申请机构管辖范围内的认可计划标准,以满足APEC工程师注册系统认可的基础教育要求。从而通过提高质量工程教育,从国家标准到国际标准,更多的发展中经济体将能够达到工程师全球流动性所需的标准。

贡献者:教授Dato博士、教授,教育委员会主席Chuah Hean Teik,FEIAP,WFEO的国际成员。

项目 4：WomEng——STEM 的 100 万女孩

WomEng 是 WFEO 的准会员，成立于 2006 年，旨在鼓励女孩将 STEM 视为一种职业，为女孩创造 STEM 意识，并通过他们的工程研究与开发，指导和支持她们。

该活动的象征是 WomEng 的商标粉红色安全帽。该运动的目标是挑战工程行业中存在的古老观念和刻板印象，并灌输一种信仰和抱负，鼓励世界各地的女孩子们追求工程职业生涯。

将 STEM 意识范围扩展到 100 万女孩的模型基于指数培训师培训缩放模型，与热衷于 STEM 的个人和/或组织合作，例如 WFEO 成员组织。他们可以注册 STEM 工具包成为官方的 WomEng Activator，在实时谷歌地图上跟踪覆盖面，展示所覆盖的国家/地区、城市和女孩的数量。#1MillionGirlsInSTEM 活动是 WomEng 努力实现可持续发展目标的关键组成部分。通过投资女童教育和为整个工程部门创造性别平等。

贡献者：Hema Vallabh，联合创始人；WOMEng，WFEO 的准会员。

项目 5：世界土木工程师理事会——水专论

Water Monographies 倡议由世界土木工程师理事会（WCCE）、联合国西班牙办事处和 Aquae 基金会在 2005—2015 年国际水资源十年期间进行。所有签署方同意在每年选定的主题下出版一系列专著，以纪念联合国在 2013—2015 年三年期内开展"国际水年"，后来延长至 2017 年。

该倡议受到包括联合国机构在内的一些利益攸关方的欢迎，他们就与水有关的主题发表了意见，表达的意见并非一致甚至相反，但充分反映了每种方法的利弊，尊重了对方的不同意见。

第二个系列也得到了教科文组织国际水文计划的支持，并通过一系列工程解决方案为水的可持续发展提供了方法。

贡献者：Alfonso Gonzalez Fernandez，世界土木工程师理事会主席，WFEO 国际成员。

项目 6：西班牙和葡萄牙——水资源合作伙伴关系

西班牙工程师协会（IIE）、葡萄牙工程师协会（OdE）和世界土木工程师协会（WCCE）联合制定战略和计划，以解决伊比利亚半岛的严重干旱问题，并制定可持续的综合解决水管理方案。项目和活动包括：

- 流域管理计划会议（2015 年），可持续发展水坝与水会议；水库与水会议 2017 年；

- 最佳水务实践,M. Lorenzo Pardo 奖;
- 马德里宣言,"我们想要的未来之水",2018 年 3 月 1 日;
- 2018 年宣言——葡萄牙气候变化年;
- 2018 年 3 月在巴西利亚举行第八届世界水论坛;
- 西班牙环境部于 2018 年 4 月在西班牙举行新的干旱特别计划会议;
- 对 WCCE 水专题项目的贡献。

贡献者:Tomas Sancho 先生,前任土木工程师世界理事会主席,西班牙工程师学会全国会员代表和 WFEO 执行委员会成员。

项目 7:全球网络学校

该项目涉及来自世界各地的合作努力,利用现代信息通信工具和技术,为发展中国家,特别是撒哈拉以南非洲和南亚地区的利益,创建一个在线全球互动远程教学 K-12 学习平台。

全球化的网络学校利用互联网、卫星和无线通信技术的无限潜力,允许来自发展中国家的学习者加入参与国家的教师提供的交互式教室,这些教室应通过实时教学课程可见和访问。除了这种互动的实时教学外,该平台还将为学习者提供开放获取的广泛教育资源和服务,以加强他们的教育体验。

该平台是一个多语言的基于云的互动学习管埋系统(ILMS),涵盖从幼儿园到大学讲授的基础教育课程,包括十二个年级(K-12)。每个阶段的课程以多种语言呈现,并且由遍布全球的许多教师以不同的时间表呈现。

参与的教师将有能力有效地负责课堂管理,并能够创建和提供全面、易于使用的互动在线课程,以吸引学生的兴趣。

项目的实施需要克服严峻的挑战,其中之一是与农村和偏远地区的互联网和无线通信技术基础设施的接入有关。其他挑战与用户友好的结构化平台的实现和执行方法有关。此外,访问的灵活性至关重要,平台将以多种语言提供给地理位置分散的学习者。

工程和 ICT 专业人员的技能对于实施拟议的网络学校平台至关重要。他们将负责开发基础设施,以改善基础设施为所有人提供优质教育。

贡献者:Raida Al-Alawi 博士,Aseel Al-Dallal,巴林工程师学会会员。

项目 8:协助灾害风险减少的创新技术——国际子午线项目

地震是威胁人类生命和财产的重大自然灾害风险。反过来,迫切需要提高地震预测能力,以满足可持续发展对国际合作和技术创新的需求。

国际子午线项目(IMCP)将利用国际经络圈(IMC)轨道上的卫星,建立一个不仅基于地球而且基于太空的地震监测全球网络,这是一个结合120°E与60°W子午线的圆形轨道。

此外,这个全球监测系统可以整合地球和太空的传感数据,将给定的地震监测技术与卫星遥感、物联网(IoT)和大数据等创新技术相结合,在全球范围内监测地震,获得前所未有的能力。

该项目由WFEO创新技术工程委员会(CEIT)发起并领导。WFEO作为国际平台,通过工程和技术解决公众和专业人士关心的问题,并将来自世界各地的工程师、科学家、研究机构等联合起来。

此外,WFEO的其他常设技术委员会,如灾害风险管理委员会(CDRM)、信息和通信委员会(CIC)、工程与环境委员会(CEE),与项目和创新技术所涉及的问题密切相关。

该项目的合作伙伴包括WFEO成员和委员会,得到了中国电子学会、巴西国家空间研究所(INPE)、俄罗斯科学院—伊尔库茨克物理和天文学研究所、雅库茨克物理和高层大气研究所、中国地壳动力学的支持。

欢迎从事空间天气预报、地震预报、地球物理、空间物理和无线电传播等的团队加入。WFEO成员将大大提高他们的地震预测能力,并加强成员和委员会之间的合作。

贡献者:WFEO主席Gong Ke教授、工程与创新委员会(2017—2018)、中国科技协会。

项目9:可持续基础设施和复原力,应对小岛屿发展中国家的自然灾害

南太平洋和小岛屿发展中国家(SIDS)人口较少,分布广泛,地理位置偏远,远离世界其他地区。在全球范围内,通常很容易被遗忘和遗漏。尽管如此,气候变化的影响以及热带气旋和洪水等频繁的自然灾害给小岛屿发展中国家脆弱的经济带来了严重的财政和社会挫折。因此,建设可持续的基础设施和抵御自然灾害的能力对可持续发展至关重要。

多年来,斐济的工程领导层确定了主要合作伙伴,以推进相关的可持续发展目标。它与各国政府、学术界、基础设施所有者和资产管理者、国家灾害管理办公室、私营部门建立了牢固的关系和认同,特别是商业界和发展伙伴。它在2016年2月热带气旋之后立即与斐济政府进行无偿合作,提供技术援助、损害评估和成本估算以重建关键基础设施和2000多座建筑,包括学校。

工程师的工作质量使工作人员信服。总理公开宣布"采取学校"计划,而一些开发合作伙伴和商业公司参与了该计划。

由亚洲开发银行批准在自然灾害事件后进行快速损害评估,并协助恢复过程。

该地区的工程师也在推动斐济大专院校工程教育的质量和基准。2016年4月,地区大学南太平洋大学获得了华盛顿协议的机电和机械专业认证。这些项目将确保在斐济接受教育的工程师的数量和质量将满足国家可持续发展的需要。

贡献者:斐济前任主席 Eng Pratarp Singh,WFEO 的国家成员,南太平洋工程师协会前任主席。

项目10:秘鲁皮乌拉河市,预警系统——抵御自然灾害的能力

由秘鲁专业工程师协会主办的 WFEO 灾害风险管理委员会将领导该项目,其目标是在极端降雨后为居住在秘鲁皮乌拉市的人们提供洪水事件预警。它涉及气候变化的影响,并利用工程技术建立抵御自然灾害的能力。

该项目涉及秘鲁各工程师的合作,将开发包含卫星历史降水数据和河流流量数据的水文模型。将开发高分辨率气象模型来预测未来10天的气候条件,为组织响应和保护人口提供了时间。

将鼓励社区制定具体的应对计划。该项目借鉴了包括密西西比河在内的河流洪水响应的国际经验,其结果将用于解决其他地区的河流洪水问题,包括秘鲁的 Rimac 河流域。

贡献者:Jorge Alva Hurtado 教授,WFEO 灾害风险委员会主席,由秘鲁机构主办。

项目11:治理、反腐败和建立强大的反腐败合作机构

WFEO 反腐败愿景委员会(简称委员会)旨在促进对腐败的零容忍。这将通过实施健全的管理系统和道德专业实践来减少工程项目和实践中的腐败。

委员会力求执行以结果为导向的专题方案,提高道德和腐败预防意识,增进对全球、区域、工程和政策问题以及打击腐败的解决方案的理解,增强基础设施和其他重要服务的透明度。

委员会于2017年在赞比亚和津巴布韦开展了基线基础设施反腐败调查,目的是制定未来的定期反腐败指数报告,并向各国政府、企业、民间社会和专业工程机构提出反腐败建议。该项目是与全球基础设施反腐败中心(英国)、反贫困工程师和津巴布韦工程委员会、WFEO 的国家成员和委员会东道主共同开展的。

委员会正在努力制定 WFEO 合作伙伴和成员[包括国际咨询工程师联合会(FIDIC)]提供的道德和反腐败培训计划。委员会参加了 2018 年经合组织关于公共基础设施完整性的诚信论坛,并将继续与经合组织在该领域开展合作。

委员会与世界司法项目和全球基础设施反腐败中心就工程中的道德和反腐问题进行合作。它计划开发一个工程伦理课程,以获得国际工程教育合作伙伴的认可和 WFEO 成员的采购代码。

贡献者:Martin Manuwha,WFEO 反腐败委员会主席、津巴布韦工程委员会主办。

项目 12:气候变化行动世界工程日和可持续发展

WFEO 及其成员和合作伙伴共同提出 3 月 4 日作为气候变化行动和可持续性的世界工程日。这是工程领域实施伙伴关系的一个例子,致力于实现共同的目标。

世界工程师日宣言强调工程对现代生活的重要性以及工程对世界人民福祉、社会和经济发展的重大影响。

这是一个告知政府和社会,工程在实现联合国可持续发展目标中的重要性的机会。

WFEO 正在寻求其国家和国际成员的正式支持信,以表明他们对开展"世界工程日"的重视。特别是妇女工程网络已经提供了关于这一举动对鼓励妇女和女孩考虑从事工程职业的积极影响的支持信。年轻人也热衷于参与这一天的活动,因为它将为鼓励男孩和女孩考虑工程职业提供机会。

WFEO 收到的支持信表明,世界工程日宣言将影响超过 20 亿人。

申请程序于 2018 年开始,在 2019 年 11 月在墨尔本的世界工程师大会上发布公告。

二、国际工程教育学会联盟(IFEES)战略规划

会员资格

工程教育组织的全球会员组织,专业社团,学生组织,决策者,工业和社会有兴趣推进全程工程教育的政府机构。

愿景

IFEES 代表变革推动者,以实现全球工程教育的相关性、卓越性、公平性、可及性和多样性任务,推动和倡导全球工程教育和工程师连接,共享资源并利用成员和利益相关者的优势。

目标

- 为其成员提供一个利用其资源的论坛
- 提供一个社区,以识别和推进与工程教育相关的问题
- 通过利益相关者定义新兴工程师的概况
- 倡导并向政策制定者和行业等外部利益相关者传播最佳实践

价值观

IFEES 将在其所有成员中推广以下核心价值观活动:

- 工程教育的卓越和质量
- 所有利益相关者之间以及所有多样性边界的社区建设和协作文化
- 工程教育经验和专业,诚信、诚实、相互尊重,以及对利益相关者的文化、经济和地理问题的敏感性

战略要点

1. 增加 IFEES 会员资格

A. 活动描述

IFEES 如何最好地定位自己以增加会员资格?包括:

- 个人会员向潜在个人会员推广 IFEES
- 提高 IFEES 在会员会议和活动中的知名度(如技术共同赞助,在会议日程中简短谈论 IFEES,传单分发等)
- 制作可在成员会议上使用的宣传材料或相关活动
- 在适用的专业刊物上刊登广告,此外,还有很多 IFEES 成员是分布广泛的期刊出版商
- 鼓励已加入的会员在 IFEES 中赞助/指导新人
- 为新成员和既定成员提供创意会员费以吸引他人并保留会员
- 创建会员类别以应对更广泛的可能性

B. 受益者
- 新成员和现有成员都可以通过扩大成员资格来获益。IFEES 将成为一个更强大、更稳定的机构,具有更大的影响力

C. 如何支持 IFEES
- 扩大成员基础为 IFEES 提供更多资源,使其能够通过以下活动集中扩大其影响:扩大培训、承担发展中国家与会者的费用等

D. 未来愿景:IFEES 应该在 2 年、5 年、10 年后的发展状况
- 在 10 年内,所有类别的现有成员组织数量翻倍,包括学术界、工业界等

E. 合作伙伴(行业、学术界、协会等)
- 目前:所有现有的 IFEES 成员都应参与支持组织的成长和成功。因此,IFEES 领导层应与 IFEES 成员一起工作,以促进具有一致利益的适当组织的成员资格
- 提案:建议成立一个小型工作组来识别潜在的新成员
- 他们为活动带来了什么
- 多样化的观点、更广泛影响的机会、财务稳定性

2. 增加与志同道合的组织的合作机会

A. 活动描述
- 使 IFEES 与其任务领域具有相互/相似意义的组织保持一致

B. 受益者
- IFEES 成员通过与具有类似兴趣的组织的关系获益,通过 IFEES 和其他组织的协同作用提供更大影响力

C. 如何支持 IFEES
- 扩大 IFEES 的影响力:可以通过(可能)免费活动减少实现特定任务区目标所需的资源量

D. 未来愿景:IFEES 应该在 2 年、5 年、10 年后的发展状况
- 应与多个组织建立关系,包括国际组织

E. 合作伙伴(行业、学术界、专业和国际组织等)
- 应考虑行业和学术组织,并将其作为合作伙伴

3. 支持学生、教师和合作伙伴(机构和行业)的网络

A. 活动描述
- 通过分享最佳实践,加强工程学教师、学生和机构(学术界和工业界)

的生态系统,如:会议、期刊、在线平台、教师网络、学生网络(面对面和虚拟)

B. 受益者

- IFEES 所有会员都获益:工程学院、学生和机构(学术和工业)

C. 如何支持 IFEES

- 生态系统催化了提高全球工程教育质量的使命
- 扩大 IFEES 的影响力

D. 未来的愿景:我们应该在 2 年、5 年、10 年后的发展状况

- 多年来逐渐增加该生态系统所有元素的数量和质量

E. 合作伙伴(行业、学术界、协会等)

- 当前:目前学术界、协会和行业都参与开发基础设施,但不是以综合和有组织的方式
- 建议:增加行业和社区组织的参与,并帮助协调和整合 IFEES 成员在各个地区开发的生态系统
- 他们为活动带来了什么? 行业和社区组织带来了与生态系统活动相关的维度

4. 促进工程教育的质量保证

A. 活动描述

- 促进提高工程专业学生的教育体验质量。重点是本科水平。设想该领域将为质量保证小组和其他相关方提供一个论坛,以充分参与有利于所有成员的讨论和活动,例如分享"最佳实践",在该领域建立专业关系,以及在 IFEES 成员和质量保证组织之间建立更牢固的关系

B. 受益者

- 所有 IFEES 成员都将受益,但以不同的方式:行业(雇主)(毕业生)、学术(持续质量改进)、学生(最好的教育提供)、机构(质量计划,竞争优势)

C. 如何支持 IFEES

- 优质工程教育是所有 IFEES 活动和工程专业长期成功的基础

D. 未来的愿景:我们应该在 2 年、5 年、10 年后的发展状况

- 近期:确定能够提供和接收价值的质量保证组织,向 IFEES 成员提供有关参与质量保证的方法的信息:质量保证的好处、提供有关质量保证过程的研讨会、在正式 QA 技术的各个方面提供有针对性的产品等

- 长期:IFEES 成员之间的正式合作关系(如 QA 代理商)专门向 IFEES 成员提供质量保证活动

E. 合作伙伴(行业、学术界、协会等)

- 目前:ABET,加拿大工程师协会,欧洲认证网络工程教育(ENAEE),德国工程学、信息学、自然科学与数学专业认证机构(ASIIN)
- 建议:上述机构加上电气和电子工程师协会(IEEE)、美国工程教育学会(ASEE)、欧洲认可工程师(EUR-ACE)、国际工程联盟(IEA)、世界工程组织联合会(WFEO)等

5. 增加世界工程教育论坛(World Engineering Education Forum,WEEF)参与度

A. 活动描述

- 确定不同的途径和方法,以增加 WEEF 参与者的数量,确定参加 WEEF 的障碍,确定不同的人群和吸引他们的策略

B. 受益者

- IFEES 的所有成员、学术界、行业赞助商、学生等以及参与 WEEF 的其他组织(GEDC、SPEED 等)

C. 它如何支持 IFEES

- 增加 IFEES 对改善工程教育的影响。帮助组织具有类似使命的各种组织
- 提供不同的观点,更广泛影响的机会,财务稳定性

D. 未来的愿景:应该在 2 年、5 年、10 年后的发展状况

- 更多的出席率,代表更多样化的组织

E. 合作伙伴(行业、学术界、协会等)

- 目前:IFEES 成员
- 建议:以上机构以及其他具有当地隶属关系的人员以及新成员、国际工程联盟(IEA)、世界工程组织联合会(WFEO)、联合国儿童基金会等

6. 工程教育能力建设

A. 活动描述

- 提高全球工程教育的能力,使更多的学生能够进入这个行业。提高教职员工的能力,提高学生的兴趣和参与度,指导相关工作

B. 受益者
- 学生、教育工作者、行业、普通大众

C. 如何支持 IFEES
- 促进建立和提高全球工程教育的质量

D. 未来的愿景：应该在 2 年、5 年、10 年后的发展状况
- 建立并支持促进该领域的举措

E. 合作伙伴（行业、学术界、协会等）
- 当前：IFEES 成员，相关/附属团体
- 建议：以上机构以及其他具有当地隶属关系的新成员、印度—美国工程教育合作组织（IUCEE）、国际工程联盟（IEA）、WFEO 等

三、全球工学院院长理事会（GEDC）战略规划

1. 流通行

GEDC 支持全球范围内的计划，学生和教师的交流——无论是现实还是虚拟——同时利用世界各地存在的各种挑战和机遇。GEDC Exchange 成立于 2019 年，是一个数字平台，旨在作为交流信息和机会的论坛，为世界各地的会员提供支持。该平台是由 Quanser 为 GEDC 设计和建造的。

2. 行业

工业是支持 GEDC 使命的重要合作伙伴。我们与 Petrus Communications 合作举办的 GEDC 行业论坛汇集了工程雇主和工程师，以交流和分享知识。

3. 研究

GEDC 促进了机构间的研究合作，其特点是团队拥有一套独特的互补专业知识，可以应对全球挑战。

4. 网络

GEDC 拥有超过 500 名工程领导者，行业和多边机构的成员，将其成员与工程教育领域最大的全球利益相关者网络联系起来。

（以下略）

附录3 国际工程教育中心的章程及战略规划

一、联合国教科文组织国际工程教育中心章程

2017年5月22日

第一章 总 则

第一条 联合国教科文组织国际工程教育中心(以下简称"中心")根据中华人民共和国政府与联合国教科文组织签署的协议成立,并在中华人民共和国政府以及联合国教科文组织允许的范围内开展工程教育领域的国际交流合作、研究、培训等活动,促进世界各国,尤其是发展中国家工程教育的发展。

第二条 中心在中华人民共和国政府和联合国教科文组织的共同指导下开展工作。中国政府为中心的管理和运作提供所需资源,联合国教科文组织为中心计划的活动提供必要的支持。

第二章 目标与职能

第三条 中心的任务为

(一) 开展学术交流和咨询活动;

(二) 为发展中国家培养高端工程科技人才;

(三) 与联合国教科文组织的相关机构和中心开展合作。

第四条 中心的职能为

(一) 向政府和国际组织提供制订工程教育政策、战略、标准和制度方面的智力支持;

（二）借助传统与新兴教育手段，充分利用并扩大中心的合作网络，改进教育模式；

（三）创建国际交流平台，向教科文组织的全体会员国开放。

第三章 权利与义务

第五条 中心的权利包括

（一）中心可提及与联合国教科文组织的隶属关系。因此，中心可在其名称后面使用"联合国教科文组织下属"字样；

（二）中心被授权依照联合国教科文组织管理机构规定的条件在其信头纸和文件（含电子文件和网页）中使用联合国教科文组织的徽标。

第六条 中心的义务包括

（一）中心接受联合国教科文组织对其进行的评估活动（一般6年1次）；

（二）中心需定期向联合国教科文组织提交运行报告。

第四章 理 事 会

第七条 中心接受理事会的指导和监督，理事会任期3年，可连任。理事会由一名中国政府代表或其指定的代表（出任理事长），一名来自中国工程院的代表，一名来自中国联合国教科文组织全国委员会的代表，以及来自从事工程教育的中国高等学校、研究机构、产业界的代表，来自其他联合国教科文组织会员国的工程教育界代表，一名联合国教科文组织总干事代表等构成。

第八条 理事会的职责包括

（一）批准中心的战略规划；

（二）审批中心的年度工作计划与预算；

（三）审议中心主任提交的年度报告，包括中心对联合国教科文组织计划目标所做贡献的自我评价报告；

（四）决定中心执行机构，与联合国教科文组织总部商议后任命中心主任；

（五）审议中心财务报表的定期独立审计报告，监督提交此类编制财务报表所需的会计记录；

（六）颁布中心基本规章制度，确定中心财务、行政和人事管理制度；

（七）决定区域政府间组织和国际组织参与中心工作的相关事宜。

第九条　理事会定期举行工作会议,一般每个公历年召开一次(可以远程视频会议方式进行),需至少由 1/2 的理事会成员与会参加并投票,决议的通过须遵循简单多数原则;理事长可根据中心的运行情况召开临时会议,也可应联合国教科文组织总干事或其大多数成员的要求召开临时会议。

第十条　中心设顾问委员会。顾问委员会委员由中外相关专家组成,为中心发展重大问题提供咨询,为理事会决策提供支撑。

第五章　秘　书　处

第十一条　中心设主任一名,负责中心日常工作,按照理事会审定的计划管理中心,并负责依据理事会建议制定工作计划与预算。中心另设执行主任与副主任,协助主任开展工作。

第十二条　中心工作人员:

(一)主任依照理事会规定的程序任命工作人员;

(二)中心工作人员应对主任负责;

(三)主任在选拔任命中心工作人员时,需确保工作人员工作效率高、技术能力强,并应适当考虑人才招募的地域因素。

第十三条　秘书处负责中心的日常管理工作。除秘书长外,秘书处可聘用工作人员。

第十四条　中心财务管理应按理事会审批通过的规则和条例执行。中心财务审计应遵守中华人民共和国相关法律与规定。

第六章　附　　则

第十五条　当中心已经完成自身使命或不能继续履行其职责时,中国政府相关部门经与联合国教科文组织协商后可取消中心资格。中心资格一旦取消,其资产应通过中国相关政府部门协调,妥善处置。

第十六条　该章程经理事会第一次会议审议通过后开始生效。

第十七条　该章程生效执行后,理事会可根据实际情况与工作需要进行适当的修订。章程的任何修订需在理事会 1/2 成员参加理事会会议并投票,且获得简单多数通过的情况下做出。

第十八条　中文和英语均为中心官方语言。章程的中英文本均具权威性。

第十九条　中心秘书处负责对章程进行解释。

二、联合国教科文组织国际工程教育中心战略规划

（2017年5月22日理事会讨论通过）

1. 序言

编制《战略计划》为确定中心今后的战略方向提供了良好基础。中心的工作能否沿着战略方向发展，在很大程度上将取决于我们对未来全球工程教育工作面临挑战的分析与应对。工程教育面临的这些挑战深刻而又复杂。

深刻而复杂的挑战

第一是新的制造业转型所意味的工程教育变革。知识密集型和技术密集型产业占全球经济的比重不断增加，知识所占的份额比重越来越大，先进工程技术的重要性不断增加。在全世界范围内，许多国家先后出台了国家战略应对这一变革，比如德国工业4.0、中国制造2025、美国制造业回归，等等。各国的制造业战略与政策表明，未来的工程教育改革必须及时应对挑战趋势、培养合乎时代要求的工程人才。

第二是区域间、国别间、性别间的工程教育发展的不均衡仍然存在。尽管技术生产的核心地正在转移，根据国际知识产权组织统计，国际专利申请的前五大来源国依次为美国、日本、德国、韩国和中国，但是这一地理上的转变并未从根本上和结构上改变工程教育的现状。从本中心的角度来看，由于整体教育发展的不均衡，区域间、国别间、性别间的工程教育不均衡在相当长的时期内仍将继续存在。

第三是工程教育的国际化趋势。正如合作发表的学术论文日益增多一样，工程教育的国际化趋势日益明显，越来越多的发展中国家学生前往发达国家接受工程教育，世界各国技术基础设施项目的人员、产品和资本流动量都不断加大，全球化和技术的国际化发展，这些都对工程教育产生了深刻影响。

第四是工程教育方式的变革。信息通信技术（ICT）的发展对教育方法的促进，以大规模在线课程和混合学习为代表，将对缩小知识差距、数字鸿沟和减贫发挥重要作用。在这一变革过程中，工程教育应该积极组织所有工作领域在改进发展中国家、最不发达国家和转型期国家参与国际知识产权制度和分享创新创造的社会与经济利益上实现进展，这将反映为对千年发展目标做出的积极贡献。

上述面临的挑战肯定不是全部，但涵盖了对本中心未来工作所必需思考的主要因素。基于上述思考，本中心的战略规划将分为两大类别，即实质性战略目标和辅助性战略目标。其中实质性战略目标有三项，即，战略目标一开展学术交流和咨询活动，向政府和国际组织提供制订工程教育政策、战略、标准和制度方面的智力支持；战略目标二开展各种教育培训活动，为发展中国家培养高端工程人才；战略目标三与联合国教科文组织的相关机构和中心开展合作。辅助性战略目标战略有两项，即，战略目标四创建国际交流平台，向教科文组织的全体会员国开放；战略目标五借助传统与新兴教育手段，充分利用并扩大中心的合作网络完善教育模式。

根据既往经验，以及2016年以来按工作议程要求举办活动与合作的情况，本中心在中国工程院的常规支持之外，将需要考虑更多地利用预算外资源，为新增活动需求提供资金。但这在任何情况下都不会取代经常预算的核心作用，而是提升中心开展工程教育活动的总体能力。

战略规划的进程

本期战略规划期限设定为2017—2020年，涵盖本届理事会的3年任期。得到批准后，将为编制2018年、2019年、2020年的年度计划和预算提供指导，以便确保计划和预算明确地沿着战略方向开展工作。

《战略计划》将按照中心章程所规定的管理框架工作，成为本中心一个重要的里程碑。每项战略目标中的预期成果将成为参考指标，以确保秘书处的效绩对理事会负责。《战略计划》构成长期战略规划的一个组成部分，为实现中心的目标与职能做出重要贡献。此外，下述四项核心价值将贯穿《战略计划》的各项战略：

— 面向工程教育：重视各利益有关方对中心各项工作的要求；

— 面向发展中国家：为发展中国家培养高水平的工程人员视为中心目标之一；

— 面向女性工程人员：重视性别平等，并实现预期成果；

— 尊重工程伦理：尊重伦理道德，关心社会和环境。

虽然长期来看，各国对工程教育的需求在不断提高，但全球范围内结构性的不均衡在中期内能产生多大改变，尚难以做出结论。《战略计划》虽然为2017—2020年期间提供了一个稳定的总体战略框架，但无意成为一种约束措施，理事会可以决定进行中期审查，以确保切合实际并提供适当的战略指导。

本中心能否应对外部环境中的各种趋势和发展情况提出的挑战，抓住机遇,将对本中心的未来将起到决定性作用。因此,召开这次理事会和顾问委员会成员会议,携手为实现本中心的各项目标制定战略,具有重大意义。

战略框架

战略目标一	战略目标二	战略目标三
开展学术交流和咨询,向政府和国际组织提供制订工程教育政策、战略、标准和制度方面的智力支持	开展各种教育培训活动,为发展中国家培养高端工程人才	与联合国教科文组织的相关机构和中心开展合作

战略目标四
创建国际交流平台,向教科文组织的全体会员国开放

战略目标五
借助传统与新兴教育手段,充分利用并扩大中心的合作网络完善教育模式

上述五项战略目标成为《战略计划》的核定战略框架。战略目标一至战略目标三涉及本中心的实质目标与任务。战略目标四和战略目标五属于辅助性目标,旨在确保有效中心与教科文组织成员国以及相关合作机构的双向交流,以帮助各项实质性目标的实现。

2. 实质性战略目标

战略目标一

本战略目标旨在开展学术交流和咨询,向政府和国际组织提供制订工程教育政策、战略、标准和制度方面的智力支持。

战略成果:中心积极参与教科文组织成员国的工程教育活动、积极举办各种工程教育学术交流与探讨,为调整现有的国际工程教育框架,就共同关心的问题和实际的措施进行探讨,为成员国和教科文组织推进工程教育的质量与均衡做出贡献。

成果指标:与教科文组织合作,撰写与出版国际工程教育能力报告,编制国际工程教育发展状况的测量标准;应具体地区和发展中国家的要求,提供可作为政策执行依据的工程教育监测与评估咨询。

挑战与机遇:工程教育遍布全球,但是全球化并未实现工程教育在世界范围内的均衡发展。工程教育对条件的要求——比如教师、实验室、实习场所,这些在不同地区和不同国家存在着巨大的差异,且在短时间内难以发生结构性改变。正因为如此,工程教育需要教科文组织的持续关注。教科文组织在世界范围内的教育号召力、与各工程教育组织的长期合作,为中心提供兼顾各方利益的解决方案成为可能,以确保国际工程教育的有效开展,并为所有会员国均能受益于工程教育提供便利。

要应对这一挑战,中心秘书处必须尽心尽力组织各种活动,为会员国提供高质高效的智力支持,制定出全面且兼顾各方利益的工程教育文件。目前拥有的机会是信息通信技术的新发展,使突破传统工程教育模式成为可能。通过提高成员国对工程教育问题的重视,为今后促进全球工程教育的质量提高与均衡奠定基础。

战略目标二

开展各种教育培训活动,为发展中国家培养高端工程人才。

战略成果:工程教育的目标是培养人才。要在世界范围内推动工程教育的均衡发展和发展水平,人才是最重要的成果。中心将致力于为广大发展中国家,尤其是非洲国家培养适当的高端工程人才。

成果指标:中心将多方筹集资金,举办高端工程教育培训活动,包括为发展中国家设计有针对性的培训项目,并在可能的范围内,与有关单位合作,开设一定数量的工程教育或工程管理学位项目。

挑战与机遇:在制造业转型的时代,工程教育人才培养的挑战与机遇并存。许多先进国家出台的战略,比如德国工业4.0、中国制造2025、美国制造业振兴等,意味着前所未有的工程教育变革。工程教育必须面向未来,必须及时应对挑战进行改革,才能培养合乎新时代要求的合格的工程人才。上述挑战意味着世界各国对制造业的重视,更意味着各国对工程人才的重视与渴求,这是工程教育难得的历史机遇。

但是未来的困难也非常明显:传统的工程教育面临着地区间、国家间、性别间差异巨大的不均衡,在技术进步日新月异、行业发展极为迅速的时代,工程教育面临着培养适应产业改革的人才的重任,如何既要适时适当地进行改革,又兼顾解决不均衡问题,显然存在着速度与空间上的双重困难。同时,工程教育对教育设施的特定需求、工程教育培训活动和学位班对资金的需要,都超过本中心的常规预算。因此,本战略目标对中心秘书处而言,将意味着巨大的筹款挑战和巨大的工作量。

战略目标三

联合国教科文组织的相关机构和中心开展合作。

战略成果:本中心将配合教科文组织科学部门的战略规划与重点,积极与教科文组织其他部门和相关机构,比如教育部门、教科组织统计所、PBL 中心、南南科技创新合作中心(ISTIC)等机构开展切实合作,促进彼此的了解,共同举办国际会议等工程教育活动,提升工程教育在教科文组织和成员国的能见度和活动的效果。

成果指标:中心将与上述教科文组织的相关机构签订合作备忘录或合作协议,并在可能的范围内共同举办工程教育会议、讲习班和培训班等活动,组织出版面向未来的工程教育论文集与研究报告等。

挑战与机遇:教科文组织鼓励二类中心之间开展合作,共享知识与经验,促进教科文事业在世界范围内的开展。这为中心与其他机构开展合作提供了良好的政策环境。同时,许多二类中心有开展活动和合作的丰富经验,可供本中心学习和参考,这也是本中心开展合作的有利条件。

但是本中心也将面临许多挑战与困难:其一在于作为一个新成立的中心,如何以具有特色的活动和组织方式在各个机构中脱颖而出,是中心必须思考的问题;其二在于如何将相关合作具体落实,使相关备忘录与协议能够不但具有机构合作的象征意义,而且更有实践层面的意义。

3. 辅助性战略目标

战略目标四

创建国际交流平台,向教科文组织的全体会员国开放。

战略成果:本中心将配合教科文组织科学部门的工作,积极与教科文组织的其他相关机构加强合作,创建一个高效高水准的工程教育国际平台,向教科文组织的全体会员国开放。

成果指标:中心将建设一个工程教育在线数据库,收集和发布工程教育领域内的各种资料与各种活动,促进教科文组织会员国对工程教育的了解与兴趣。

挑战与机遇:作为联合国体系内最大的国际组织、全球最大的智力合作组织,教科文组织肩负着为人类发展提供智力支持的责任。作为教科文组织的二类中心,创建国际交流平台是本职任务。但是本中心在设计和创建工程教育国际平台时,必须征集和思考不同地区、不同发展阶段的国家对工程教育的不同需求。

战略目标五

借助传统与新兴教育手段,充分利用并扩大中心的合作网络完善教育模式。

战略成果:本中心将借助传统与新兴教育手段,充分利用并扩大中心的合作网络完善教育模式,促进工程教育在世界范围内的开展,并致力于提升相关地区与国家工程教育的质量。

成果指标:中心将与学堂在线等教育机构合作,开发高质量的在线工程教育课程,并在可能的范围内共同举办线下课程讨论,为发展中国家,尤其是非洲国家提供混合式的工程教育课堂教学。

挑战与机遇:目前来说,现代通信技术的迅猛发展为缩短教育发展的不均衡提供了难得的技术条件,同时,教科文组织对ICT技术的战略性强调与重视,使充分利用新兴的大规模在线课程等新兴教育手段成为可能。中心将努力突破传统的教育手段,在现有条件下设计和提供高质量、低成本的工程教育,降低工程教育发展的不均衡现状。

需要指出的是,尽管技术进步使突破时间和空间障碍成为可能,但是课堂教育,尤其是线下课堂教育的不可替代性,以及工程教育对实验室和实习场所的需要,是不可能被取代和取消的。如何充分有效地利用ICT技术和线下教育,创造新的高质量工程教育模式,这将是中心秘书处必须面对的难题。

后　　记

联合国教科文组织国际工程教育中心(ICEE)设在中国,并成为中国工程院和清华大学的重要智库,是国际社会对中国工程教育发展水平的认可和肯定,也是对中国工程教育已有研究成果和未来发展的鼓励。

本课题"国际工程教育合作战略:'一带一路'背景下国际工程教育中心建设问题研究"是在顾秉林院士主持下,在周济、朱高峰、钱易、孙永福、吴启迪、余寿文、杨斌、袁驷等多位院士、专家的指导下完成的。

本课题的主要执笔人有王孙禺、乔伟峰、徐立辉、谢喆平、李晶晶、张满、朱盼、杨茗、沈晔、陈国宇、贾美娇、李慧娟等。清华大学、北京理工大学、北京化工大学、航天五院的部分教师和研究生参与了课题的调研和写作。本课题在顾秉林院士的指导下,由王孙禺、徐立辉和朱盼等做最后统稿。

中国工程院课程"全球工程教育数据库建设对策研究"、"工程教育学术术语体系研究"等对此课题继续开展深入研究。为本课题研究提供咨询和支持的专家学者还有清华大学和中国工程院的史静寰、李越、李曼丽、徐进、田琦、刘玮、樊新岩、范桂梅等。

在此一并致以衷心感谢!

由于我们的水平、时间以及资料来源渠道有限,许多问题还待国内外专家指导。因此,本课题的研究与梳理难免挂一漏万;一些资料的出处还要进一步考证和落实,内容还须不断补充和修改。有疏漏之处,不妥之处,企盼指教,以便日后不断改进。

"国际工程教育中心建设问题研究"课题组
2023 年 3 月